仕事の成果を
最大化する

トヨタのすごい線

㈱ＯＪＴソリューションズ

KADOKAWA

みなさんに質問です。
この台車は、
正しい場所に、
正しい向きで置かれていると思いますか？

わかりませんよね。

では、台車の置き場所が
「線」で示されていたらどうでしょうか?

この台車は、

「正しい場所に、正しい向きで置かれている」

ことがわかります。

今の状態が
「正しいか、正しくないか」を
判断するためになくてはならないもの、
それが「線」です。

トヨタの「線」は、
仕事を早く
正しく
より良く
進めるための約束事です。

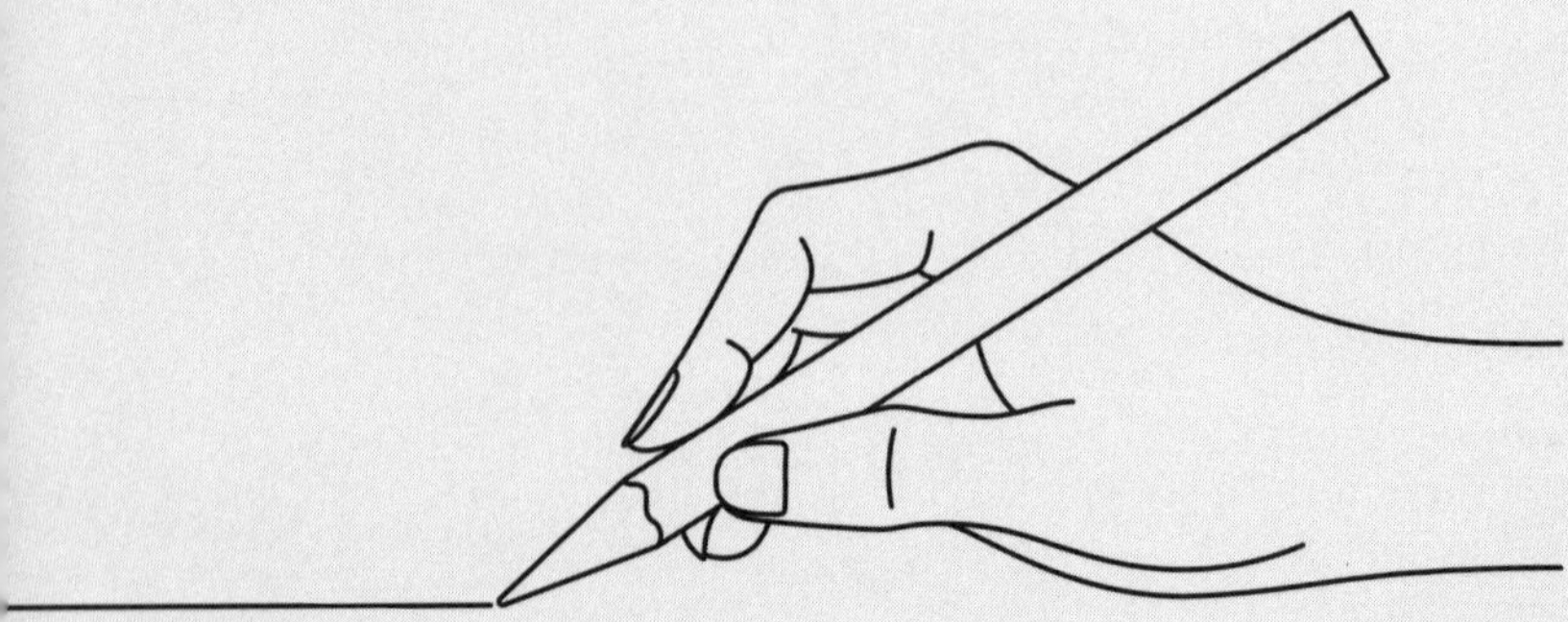

仕事に「1本の線」を引き、運用するだけで、

・品質が一定になります。
・計画が守られます。
・ムダがなくなります。
・スピードアップできます。
・すみやかにトラブルを検知できます。
・イノベーションも生まれやすくなります。

トヨタの「線」の効果は絶大です。
たった1本の線が、
仕事の成果を最大化させるのです。

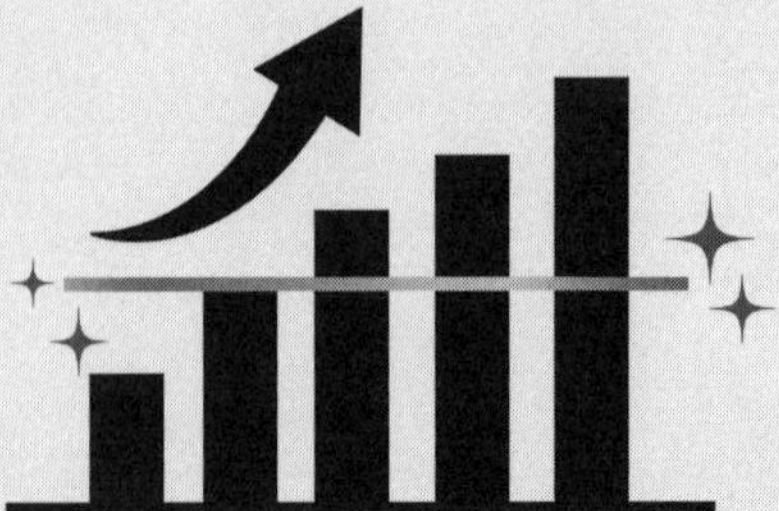

「線」を引いた数だけ、
「線」を運用した分だけ、
会社も従業員も、成長していくでしょう。

はじめに

トヨタの現場では、ある2つのことが特徴的だとよく言われます。

1つは「**正常か異常か**」という言葉が仕事中によく聞かれること。

もう1つは、社内にたくさんの「**線**」が引かれていること。

この「線」には、工場内に引かれている物理的な線だけではなく、生産目標や品質基準などの「目に見えない線」も含みます。

では、トヨタには、なぜ、これほどまでにたくさんの「線」があるのでしょうか？

それは、**私たちの意識や行動を動かすうえで、「線」が大きな役割を果たす**からです。

●身の回りに、たくさんの線が引かれている理由

実は、トヨタだけでなく、私たちの身の回りにも、こうした「線」があふれています。

世の中にある「こうしましょう」「これを守りましょう」というルールや約束事には、

その内容を周知させるために、「目で見てわかる」「すぐに理解できる」目印を利用しているものが多いのです。

その目印が「線」です。

「線」には、「範囲を指定する」「場所を区分けする」「行動を制限する」「目標を示す」「足並みをそろえる」などの役割があります。

たとえば、次のような「線」は、みなさんもよく利用されているのではないでしょうか。

▪駐車場の駐車線

駐車線は、車を正しく停めるためのガイドラインです。線の枠内に車を停めないと、隣の車に迷惑をかけてしまいます。

▪カップラーメンのお湯を入れる線

カップの内側の線は、最適なお湯の量を示しています。内側の線よりもお湯が多いとスープが薄くなったり、麺が軟らかくなってしまいます。お湯が少なければ、スープが溶けなかったり、麺が戻らなかったりします。

▪スーパーのレジ待ち用の「ここに並んでください」の線

「ここに並んでください」「ここでお待ちください」という意味の線を引くことで、列が乱れず、会計の順番を守ることができます。そのため、スタッフがいちいち声をかける必要がなくなります。

・ノートの罫線

罫線は、文字を均等に、バランスよく書く助けになります。

さらに、「線」には「目には見えない線」もあります。目には見えない線とは、ものごとを判断する目安として設定された区切りのことです。たとえば、受験校の合格ラインを判断する「偏差値」、自分の体重が健康なのかを判断する「標準体重」。最低賃金や就業時間（始業から終業までの時間）、飲酒の年齢制限なども、目には見えない線の一例です。

日本語の表現の中にも「線」を使ったものがあります。「一線を画す《かく》」という表現は、「はっきり区別をつけること」を表しますし、「（決められた範囲を外れて）してはならないことをする」という「一線を超える」という表現もあります。

このように、私たちの身の回りには、目に見える線や目に見えない線がたくさん引かれていて、私たちは、その線を守ることで、正しく安全に暮らせます。

つまり、線が引かれているからこそ、私たちは「何を、どうしたらいいのか」「何を、どうしてはいけないのか」「どこからどこまでの範囲に、何があるのか」を**瞬時に正しく判断**しながら生活できるのです。

●トヨタの線は、仕事をラクにしてくれる

話をトヨタに戻しましょう。

私たちOJTソリューションズのトレーナーは全員が、トヨタの現場で40年以上のキャリアを積んだベテランたちです。トヨタの現場や管理職の経験で培った考え方やノウハウを多くの会社に導入し、業務の効率化や人づくりを支援するコンサルティングを実施しています。

私たちもトヨタ在籍時は、社内のあらゆるところで線を引いて活用していました。作業のやり方、身体の動かし方、トイレに行く経路さえも、線で決まっていたものです。

読者のみなさんの中には、「そんなにたくさんの線が引かれていると、管理されて窮屈そう」「決めごとが多すぎて、自由がなくなるのでは？」と思う方がいらっしゃるかもしれませんね。しかし、実際は、その逆です。

線のある環境下で働いてみると、

- **「こうする」「こうしてはいけない」という線が明確に決まっているので、仕事で迷うことがなくなる**
- **出荷可否のラインが細かく決められているので、品質のバラツキを抑えることができ、ムダな仕事が減る**
- **「ここから先はダメ、ここまでは良い」という基準の線があることで、クオリティを高く保った仕事ができる**

などのメリットを体感できます。

これも身の回りの線と同様に、線があることによって、仕事の何が正しくて何が間違っているのか、**正常と異常の判断が瞬時にできる**ためです。

たとえば、原材料を置く場所が線で四角く区切られていたとします。この線の枠内に原材料が置かれていれば正常です。

一方、枠の外に原材料が置かれていたら、それは異常です。どうして枠内に置かれなかったのか、異常につながった原因を見つけて改善することで、仕事の「ムリ・ムラ・ムダ」をなくすことができます。

トヨタが改善に力を入れているのは、「ムリ・ムラ・ムダがなくなれば必然的に、作業をする人がラクになるから」です。誰かの仕事をラクにした結果として、生産性が向上します。つまり、線を引き、線を活用することは、単なるルールではなく、**仕事をラクにしてくれるしくみ**なのです。

●線は大切だが、線を引くだけでは問題は解決しない

みなさんの会社の中も、よく見れば、さまざまな線が引かれているはずです。

モノの置き場所を決める線、売上目標を示す線、個人成績を示す線、従業員や来訪者が移動するときの動線、部署間の仕事の線引き（例「ここまでが営業部の仕事で、ここからはマーケティング部の仕事」など）、職場のルールや目標などが示されているはずです。

ですが線も、引いただけではただの線です。大切なのは、線をきちんと運用することです。そして、「もっと良い線が引けるのではないか」と向上心を持ち続けることです。

線を引いても、全員がその線を守らなければ、社内の問題は何も解決しません。

また、仮に線を忠実に守っていても、その線が古くなって現状にそぐわないものである場合も、ムリ・ムラ・ムダの原因になってしまうので注意が必要です。

時代は常に変化しています。物価高騰、デジタル化、異業種参入、グローバル競争といったビジネス上の課題から為替リスク、戦争、パンデミックなど、さまざまな要因によって、企業を取り巻く環境は不透明感を増しています。人々の価値観も、社会のしくみも動き続けています。だとすれば、その動きに合わせて、線を動かす（引き直す）必要があります。

今ある線は現時点では最良の線だとしても、明日も最良であるとは限りません。したがって、「この線で本当に良いのか」と現状を疑い、改善し続けることが必要です。それが仕事の成果を最大化させ、ひいては会社を成長させるのです。

●線を引けば、どんな業界も職種も改善できる

こんな先が見えない環境下だからこそ、軸足がブレない、何らかの手立てがほしくなります。本書では、そのための手立てとして、次の3つについてお伝えします。

①現場の実情に合った線を引くこと（甘い基準をつくらない）
②引いた線を全員で共有し、運用すること
③一度引いた線を見直して、さらに良い線を引くこと

私たちＯＪＴソリューションズの支援先は、製造業の生産現場だけではありません。小売りや外食、病院などのサービス業、さらには金融、官公庁（役所）などのオフィス系の現場でも、線を活用した業績アップの事例がたくさんあります。

本書では、そのトレーナーたちの経験と知見を紹介しながら、導入から運用、日常のメンテナンスについて、ていねいに解説します。

CHAPTER01 「線」とは何か　まず、「線」の必要性と全体像をつかみます。

CHAPTER02 「線」の効果　「線」を引くことで得られる効果やメリットについて、具体的に見ていきます。

CHAPTER03 「線」の引き方　職場での効果的な「線」の引き方を学びます。

CHAPTER04 「線」の定着　引いた「線」を職場に定着させるコツ、運用する際の注意点などを紹介します。

CHAPTER05 「線」の改善　一度引いた「線」を引き直したり、現状に合うようにブラッシュアップするための実践的な改善の方法について解説します。

本書は、トヨタと支援先企業の事例を踏まえて線の重要性を解説していますが、「線を引いて会社の問題点を洗い出し、改善していく」という作業は、業界や職種を問わない普遍的な考え方です。

「社内ルールを決めても機能しない、守られない」

「規則が形骸化していて、役に立たない」

「人によって仕事の成果にバラツキがある」

「同じミスやトラブルが頻出し、品質が安定しない」

「労働時間やコストに多大なムダが発生している」

「人が育たず、スキルの習熟度にムラがある」

みなさんの職場がこのような仕事の悩みを抱えているのであれば、本書を参考に、まずは「1本の線」を引いてみてください。この「線」をきっかけに、職場がいきいきと動き出すことを確信しています。

本書が不透明な時代を生き抜くヒントになれば幸いです。

ＯＪＴソリューションズ

CONTENTS

CHAPTER 02 「線」の効果

「線」を引くと、現場が劇的に変わり始める

CHAPTER

03

「線」の引き方

最初から「100点満点」を目指さない

CHAPTER

04

「線」の定着

「定着」させなければ、線を引いた意味はない

CHAPTER

05

「線」の改善

線の効果を何倍にも高める方法

■ 視《み》える化

情報を組織内で共有することにより、現場の問題の早期発見・効率化・改善に役立てること。図やグラフにして可視化するなど、さまざまな方法がある。

■ 5大任務

①安全、②品質、③生産、④原価、⑤人材育成の5つ。現場管理を行ううえで、トヨタの管理監督者が徹底すべき仕事の基本。

■トヨタ生産方式(TPS)

ムダの徹底排除で原価低減を進めながら、もののつくり方、作業のやり方についてあらゆる角度から合理性を追求する独自の技術。より良い品質の製品を、タイミングよく、より安く、より多くの人に供給するための全社的なしくみである。

■ 問題解決の8ステップ

トヨタで使われている問題解決のプロセス。①問題を明確にする、②現状を把握する、③目標を設定する、④真因を考え抜く、⑤対策計画を立てる、⑥対策を実施する、⑦効果を確認する、⑧成果を定着させる——というステップを踏むことによって、勘や経験に頼ることなく、論理的な思考や分析で効率的に問題を解決できる。

■ 平準化

ある規定の生産数を一定の期間でならして生産すること。また、特定の作業者に業務が集中しないよう分散させること。細かくは「量の平準化」と呼ばれる。なお、品種ごとに一度にではなく、それぞれ決まった個数ずつ生産していくことは「種類の平準化」という。いずれも短いサイクルで工程をつないで生産していく「ジャスト・イン・タイム」に必須の前提。

■ インフォーマル活動

職場を中心とした縦のつながりに対して、別の部署や工場の社員と交流会や相互研鑽の場、レクリエーションなどを通じ、横のつながりを活かしてコミュニケーションを図る運動。

本書に登場する

トヨタ用語

■改善

トヨタ生産方式の核をなす考え方。全員参加で、徹底的にムダを省き、生産効率を上げるために取り組む活動。現在、多くの企業で行われており、日本の製造業の強さの源泉ともいわれる。

■班長・組長・工長・課長

トヨタの職制。「班長」は入社10年目くらいの社員から選ばれ、現場のリーダーとして初めて10人弱の部下を持つ。その後、数人の班長を束ねる「組長」、組長を束ねる「工長」、工長以下数百人の部下を率いる「課長」という順に職制が上がっていく。現在のトヨタでは呼称が変えられており、「班長」は「TL（チームリーダー）」となっている。

■5S

整理・整頓・清掃・清潔・しつけのローマ字表記の頭文字をとって「5S」と呼ぶ。5Sは単にキレイに片づけることが目的ではなく、問題や異常をひと目でわかるようにして、改善を進めやすくするのが目的である。

■自働化

創業者・豊田佐吉の時代から受け継がれる「異常が発生したら機械やラインをただちに停止する」という、トヨタ生産方式の柱となる考え方。止めることによって異常の量産を防ぎ、異常の原因を突き止め、改善に結びつける。この考え方にもとづいて生まれたのが、異常発生を表示装置に点灯させる「アンドン」（214ページ）である。

■ジャスト・イン・タイム

自働化と並び、トヨタ生産方式の柱となる考え方。現場からムダをなくして、作業の効率を高め、「必要なものを、必要なときに、必要なだけつくる」ことをいう。

執筆協力／藤吉豊（文道）
編集協力／川田さと子
本文デザイン／小口翔平＋稲吉宏紀（tobufune）
図版制作／島崎デザイン室
校正／群企画
ＤＴＰ／ニッタプリントサービス

CHAPTER

01

「線」とは何か

仕事の「正常、異常」を判断する

社内に線を引くのは、「正常と異常を見極めるため」です。線がなければ、「今の状態が正しいのか、間違っているのか」がわからないので、異常がそのまま放置されてしまいます。そして、それが原因のミスや問題が頻発することで、顧客や取引先からの信頼を失う可能性もあります。

LECTURE
01
POINT

「正常か、異常か」を判断する3つの必須条件

「正しいか、正しくないか」がわからなければ仕事をしている意味はない

■「基準」「標準」「方針」が決まると、「正常か、異常か」の判断ができる

「**線**」という言葉を辞書で調べると、直線や実線といった図形の意味だけでなく、「ものごとの境目」「ものごとの道筋」「ものごとを規制する基準」「ものごとの方針」といった意味が含まれていることがわかります。

だとすれば、「職場に（仕事に）線を引く」とは、次のように言い換えられます。

「正常か異常かを区別するための境目を明らかにする」

「『仕事はこの順番、この手順で行ってください』という道筋を決める」

「『私たちは、この目標を実現するために仕事をする』という方向を決める」


つまり、線を引くことで、次の判断ができるのです。

「自分たちの進むべき方向は、正常なのか、異常なのか」

「自分たちの仕事のやり方は、正常なのか、異常なのか」

「自分たちの仕事の成果は、正常なのか、異常なのか」

このように「正常か、異常か」を判断するためには、次の「3つの必須条件」を踏まえて線を引くことがポイントです。

必須条件①　「ここまでは○、ここからは×」という一定の基準をつくる
基準がわかるように線を引くと、基準に達していれば合格、達していなければ不合格であると判断できます。

必須条件②　「この手順、この方法を守る」という標準的な手順を決める
全員が守るべき仕事のやり方を決めます。手順や方法、やり方に関して「線を引く」とは、「この作業は、こういう道具を使って、こういう手順でやります」と、決まりをつくっておくこと（手順を決めておくこと）だと理解してください。そして、手順通りに仕事が行われなかった場合には「間違っている」「異常である」と判断します。

また、これ以外にも、クレームが発生したり、仕事の品質が低下していることがわかったときにも「異常がある」と判断されます。異常と判断された原因を突き詰めていくと、決められた手順を守っていなかったことが判明することもあります。

やり方に線を引く、つまり、「正しいやり方を決め、それを守ること」で、誰もが安全に、誰もが同じ品質の仕事をすることができます。

トヨタでは、「誰もが守るべきやり方の決まり」のことを「**標準**」と呼んでいます。

本書内の「**標準の線を引く**」とは、「仕事のやり方や手順に一定のルールを決めること」だと解釈してください。

必須条件③　「こういうことを目指す」という方針を決める

方針も、正常、異常を判断する目印であり、組織の目的を達成するための基本的なガイドラインです。方針に沿うように行動し、結果を出すことができれば正常、方針を無視したら異常です。

たとえば、自部門の方針が「不良品の再発防止策を考え、実施する」だったとき、

正常：「不良品の再発防止のために行動する」「行動した結果、不良品が減る」
異常：「不良品の再発防止のための行動をしない」「不良品が発生し続ける」

であることがわかります。

必須条件①の「基準があるから、正常と異常の判断ができる」という考え方は、理解しやすいと思います。しかし、基準は結果の確認だけになり、「誰でも基準に合った仕事」ができることにはつながりません。そこで、基準に加えて「やり方と方針を明確にすること」などが、正常と異常を判断するためには不可欠です。

次項以降で、正常と異常を判断するための「基準」「標準」「方針」について詳しく説明していきます。

LECTURE 02

POINT

問題が見つからないのは、「線」が機能していないから

どんな会社にも線はある。会社にとって意味のない線はあるべき姿に合わせて引き直す必要がある

■線が正しく引かれていないと「正常か、異常か」が判断できない

トヨタの改善は、組織が直面している「問題点の洗い出し」から始まります。

ですが、適切な問題選定がなされていないと、成果は期待できず、改善活動に割り当てたリソースがムダになります。

実際、OJTソリューションズのトレーナーが指導で訪れている会社では、次のように頭を抱えている経営者やマネジャーが少なくありません。

「社内の問題がどこにあるのかわからない。どうすれば問題を見つけられるのか?」

「会社の何が悪いのかがはっきりしないまま先に進み、結局、何も改善しない」社内の問題をなかなか見つけられない原因の1つとして、問題を見つけるために機能するはずの「線」が正しく引かれていない可能性が挙げられます。

・正常と異常を判断するための線が引かれていない
・線はあるが、意味のない線になっているため、実効性が低い

まったく線を持たない会社（何も決まりがない会社）はないはずです。計画や作業のやり方、あるいは、出勤時間などは、どこの会社にもあるでしょう。会社には、必ず何らかの決まり（線）があるといえます。

トレーナーが指導先の業務改善に着手するときは、製造工場であっても、飲食店であっても、経理部などのオフィス業務を行う事務所であっても、初めに現場の観察を行います。そこで頻繁に出てくる指摘は、「線はあるのに、会社にとって意味のある線（付加価値を高める線）になっていない」というものです。これは、業態に関わらず、です。

線は、業務改善の拠りどころです。

線が引かれていなかったり、線の引き方を間違えていると、「どこまでがＯＫ（正常）

で、どこからがＮＧ（異常）なのか」を見極めることができないため、異常が放置されます。

一方、社内に線が適正に引かれ、きちんと運用されていれば、次のような内容は、いつでもわかりやすく、明示されているはずです。

・仕事の手順
・目指すべき目標値（売上、生産量、不良率など）
・モノの置き場所、在庫の量
・作業時間
・動線（ヒト・モノ・情報）
・会社、部署、部門の方針

そして、線から逸脱した場合は「異常」と判断されますから、すぐに対策を講じることができます。

■問題とは、「あるべき姿」と「現状」に差がある状態のこと

「問題解決」とは、「あるべき姿」と「現状」との差（ギャップ）を抽出し、その差を埋めることです。

あるべき姿：期待される状態や望ましい状態のこと。正常な状態のこと

現状　：実際に起きた状態のこと。「このままではこうなる」と予想される姿も現状に含まれる

「あるべき姿」を設定し、それを実現するための線を引くと、これまでは「問題ではない」と思っていたことが、ギャップ（改善点）として認識できるようになります。

あるべき姿（正しい状態）－現状＝ギャップ　改善点！

たとえば、「不良率3％」が製品Aのあるべき姿だとします。不良率は、生産効率や品質管理の水準を測る「基準」です。しかし、「不良率5％」が現状だとしたら、その差こそ、埋めなければならない問題です。不良率5％が異常だと判断できるのは「不良率3％」というあるべき姿（目標とする不良率の基準）があるからです。

あるべき姿（正常な状態）が定まっていなければ、現状が問題であること自体に気づくことができません。「どこからどこまでが正常で、どこからが異常か」「どのやり方が正常で、どのやり方が間違っているか」を明確にして、あるべき姿を具体化しなくてはいけま

せん。そのうえで現状と比較することによって、解決すべき現状の中の問題点を洗い出すことができるのです。

ただし、あるべき姿は、世の中が刻一刻と変化するのに合わせて変化していきます。あるべき姿が変化すれば、必ず現状とのギャップが生まれます。したがって、あるべき姿の変化に応じて、線を引き直す必要があるのです。

【あるべき姿に合わせて線を引き直す流れ】

あるべき姿（目標）を実現するために、最初の線を引く

↓

線を運用する

↓

時代が刻一刻と変化する

↓

時代の変化に合わせて、あるべき姿（目標）は変わる

↓

あるべき姿の変化に合わせて、線を引き直す

あるべき姿に合わせて線を引き直す

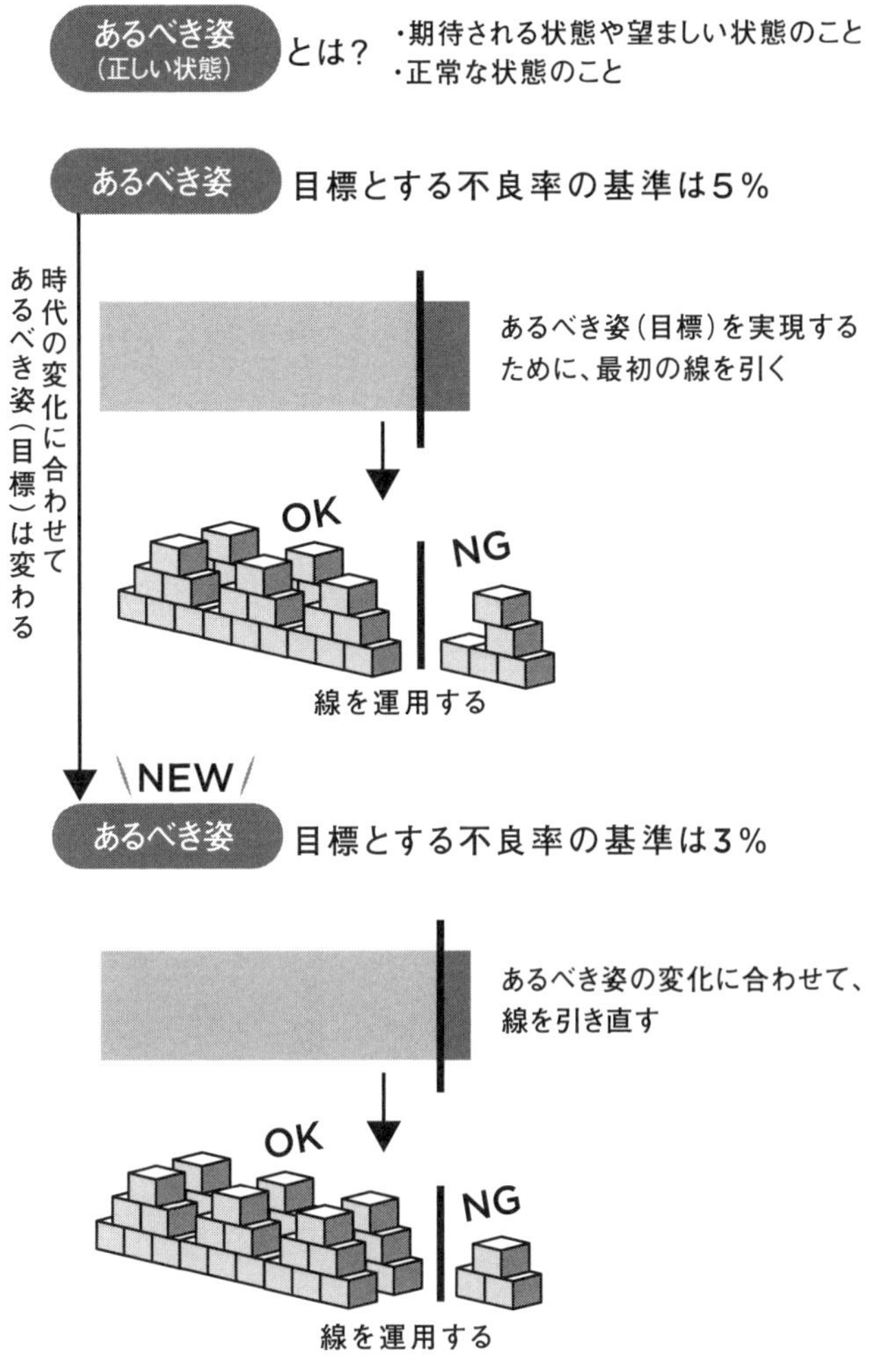

LECTURE 03

POINT

線を正しく引くと、社内の秩序が守られる

最初の一歩は、1本の線を引くこと
1本の線を引けば、その線が整理整頓の判断基準になる

■「線引き」が仕事の整理、整頓を劇的に変える

ＯＪＴソリューションズのトレーナーは口をそろえます。

「すべての業務改善の基本は、５Ｓにある」

「何事も５Ｓから」

５Ｓは、職場の環境維持や業務効率を上げるために最適な手段です。

5S：整理（Seiri）・整頓（Seiton）・清掃（Seisou）・清潔（Seiketsu）・しつけ（Shitsuke）の頭文字をとって「5S」と呼ぶ。5Sの目的は、社内美化ではなく、職場の問題や異常をひと目でわかるようにして改善を進めること。日本で生まれた概念で、現在、世界中の企業で導入、実践されている

組織の問題を「発見→改善」するには、5Sが不可欠です。

5Sを徹底すると、安全の確保、原価低減、品質の安定、従業員のマネジメントなど、企業が抱えるさまざまな問題が改善されます。

トヨタが5Sの中で特に重視するのが、整理と整頓です。整理、整頓は生産性を高める屋台骨です。

整理：いるものといらないものを分け、いらないものを捨てること

整頓：必要なものを、必要なときに、必要なだけ使えるように明示すること

いらないものを処分すること（整理）、必要なものをいつでも取り出せるようにすること（整頓）は、頭ではわかっていても、案外難しいものです。

トレーナーの指導先の会社の中にも、「片づけを始めてみたものの、途中で収拾がつかなくなった」「一時的にはキレイになるが、すぐに元の状態に戻ってしまう」という理由で、5Sが停滞している会社はめずらしくありません。

整理、整頓が進まない会社の多くに共通しているのは、基準となる線がないことです。

5Sにおける「線を引く」とは、「整理整頓はこうするのが正しい」という基準をつくることです。

- **いるものといらないものを仕分ける基準**
- **いつまでに捨てるのか、期限（時間）の基準**
- **必要な量を決める基準**
- **何を、どこに置くのか、置き場所の基準**

これらの基準が定まっていなければ、モノは山積みになるばかりです。

基準を提示せずに個人の感覚に任せていると、規律が生まれず、職場は雑然としてしまいます。

「いる、いらない」の基準の例としては、「毎日使うものは残す」「1週間に1回しか使わないものは、予備を1個だけ残す」「1カ月以上使っていないものは捨てる」など、具体的な期間や個数を決め、客観的に判断できる基準を設けます。**「汚れてきたら捨てる」とか「キレイで、そのうち使えそうなものは残す」とか、曖昧な基準は適切ではありません。**

「置く、置かない」の基準の例としては、「ペン立てはこの場所に置く」「ファイルはこの場所に置く」「ここからここまでは、何も置かない」などと決めておきます。場所によっては「何も置かない」と決めておくことで、むやみにモノが積まれることを防ぐことができます。

■ 整理、整頓は「線を引く」ことから始まる

整理、整頓の「最初の一歩」は、「1本の線を引く」ことです。「1本の線を引く」と、その線が整理整頓の判断基準になります。

現場に台車がある場合、台車の置き場所に線（区画線）を引いておきます。区画線とは、モノの置き場を定め、それを誰が見てもわかるように表示した線のことです。

区画線は「整頓の基準」になるため、パッと見ただけで、正常か異常かがわかります。

台車が区画線の中に置かれている＝正常
台車が区画線からはみ出している＝異常

モノを積み上げて保管する場合は、線で「上限」を示すことができます。
横線を1本引いて「積み上げてよい高さ」を明示すれば、正常か異常かが判断できます。

横線の高さを越えていない＝正常
横線の高さを越えている　＝異常

モノが横線の高さを越えている場合は、「異常である」と判断できるので、ただちに対応できます。
5S活動の成果は、「正しい判断基準の設定」で決まるのです。

職場で活用できる区画線

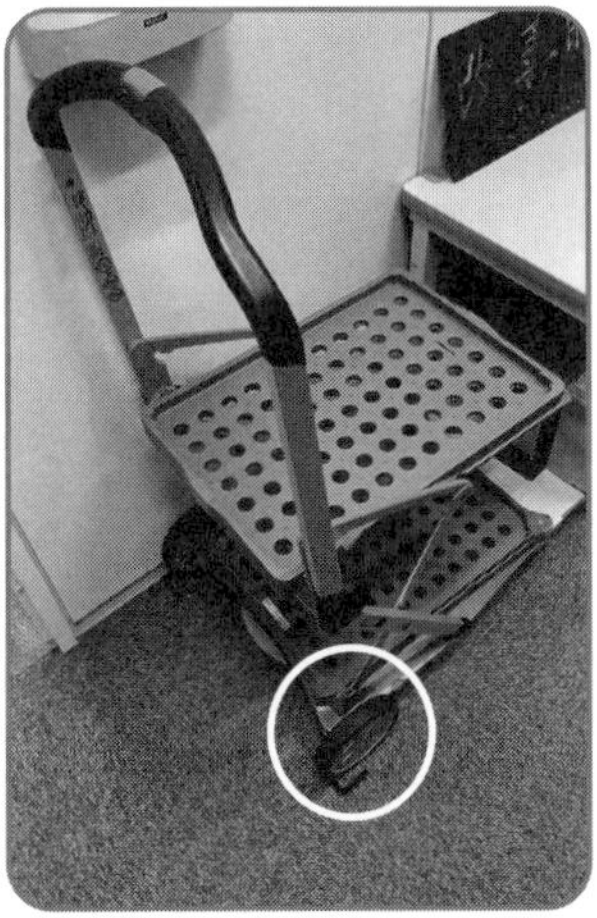

台車

セミナー用チェア

コンセント

打ち合わせスペースのテーブルとイス

LECTURE

04

POINT

正常・異常を判断する必須条件①「基準」「線」なくして「改善」なし

線（基準）がなければ、異常であるかどうかはわからない

判断の基準となる「線」を職場で周知徹底しよう

■正常な状態がわからなければ、異常はわからない

トヨタのあらゆる職場、あらゆる業務に線が引かれているのは、「判断の基準」を周知徹底するためです。一般的に「基準」とは、「ものごとを判断したり比較したりする際の尺度」を意味しています。ですが、トヨタでは次のように意味づけしています。

基準：正常と異常を区別する判断軸のこと。製造業などの場合、本来あるべき規格や仕様とズレが生じていたら、問題が発生している（異常）と判断できる

トヨタ時代、品質管理業務に従事し、仕入先の製造工程の現場改善にも携わってきたトレーナーの米倉勝義は、「世の中のものにはすべて基準（＝線）があり、その基準と照らし合わせて私たちは『正常か、異常か』を判断している」と話しています。

「たとえば、時間には『1日24時間』という基準があり、方角には『東西南北』という4つの方向の基準があります。

朝は『おはよう』、昼は『こんにちは』、夜は『こんばんは』と挨拶をするのも、コミュニケーションの基準です。朝なのに『こんばんは』と挨拶すると違和感を覚えるのは、挨拶の基準に反しているからです」

私たちが正常、異常を判断できるのは「ここまでは正常、ここからは異常」という基準があるからです。

そして、線は、「正常か、異常か」を判断する目安です。**線を引いて正常な状態が明らかになると、現場の問題点（＝異常）にも気づくことができます。**

たとえば、「売上数」を棒グラフで示すときは、売上数を棒の長さ（高さ）で表します。パッと見て、棒の長さが長いほど、「売上が高かったんだな」と感覚的にわかります。

しかし、実績を評価し、検証しようとするなら、これでは足りません。棒の長さを見ただけでは目標達成度がわからないからです。

目標達成度を視覚化するなら、もう1本、線が必要です。横の線（基準線）を1本引くことによって、基準線と実績の差異が明らかになるため、「目標に達していない」あるいは、「目標を超え過ぎている」といった現場の異常を発見できます。

トヨタで42年の経験を持ち、ＯＪＴソリューションズで10年以上、お客様の現場改善に携わってきたトレーナーの大嶋弘は、「トヨタの社内は線だらけで、グラフには必ず、基準線や目標線を引いていた」と、工場勤務時代を振り返っています。

「日常生活の中では、明確な線引きがないこともあります。

たとえば、朝6時半に近所の家からピアノの練習音が聞こえたとしましょう。それを『朝から頑張っているなー』と思うか、不快に思うかは人それぞれです。

不快に思っても、文句を言う人と言わない人がいます。ただし、会社の中には線が必要です。正常か異常かの判断を個人の感覚に委ねてはいけません。

会社にとって大切なのは、従業員全員がやり方や考え方をそろえることです。『ここか

基準線があれば「正常か、異常か」をひと目で判断できる

営業部の月次売上数を示すグラフ

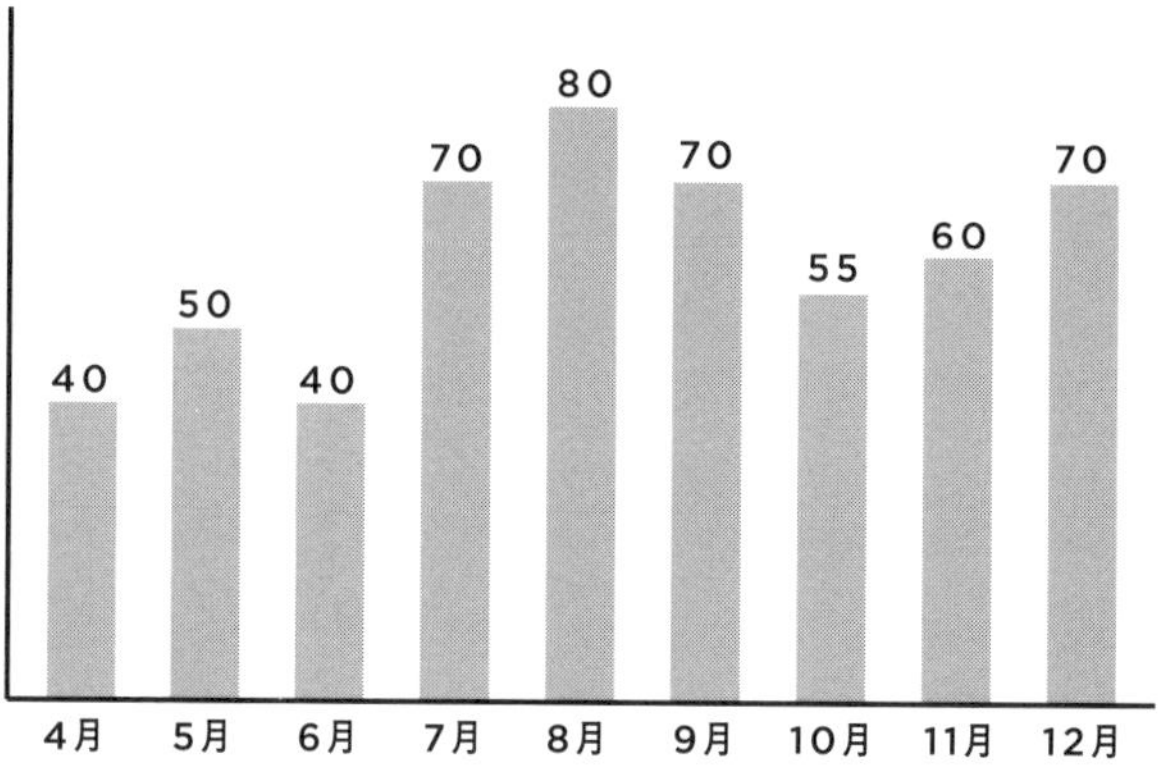

基準線を1本引くと……

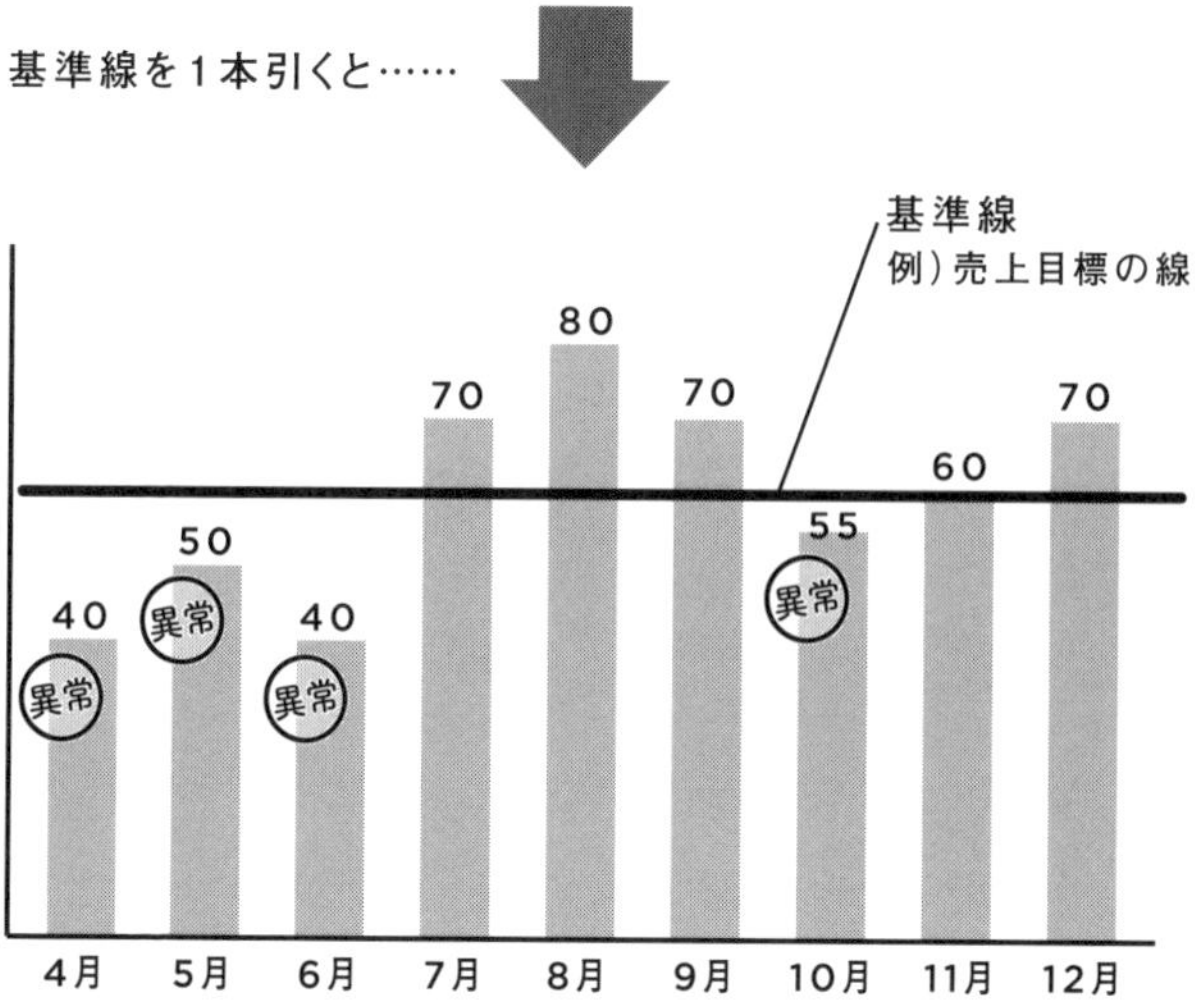

ら先はダメ、ここまでは良い』を決めておかないと、目的に沿って動くことは不可能です」

業務改善を進めるには、問題点の洗い出しが急務です。そのためには社内に線を引き、基準を可視化して、「異常に気づける職場環境」を構築することが大切です。基準がなければ、問題点を可視化することも、解決策を講じることもできません。**基準のない職場に改善はない**のです。

■線を引くと、作業のバラツキが小さくなる

トレーナーの米倉勝義は、「世の中にはバラツキがあるからこそ、基準が必要になる」と言います。

「人の体型を考えてみると、千差万別ですよね。0.0001センチの誤差もない同じ身長で、0.0001グラムまで同じ体重の人はおそらくいないと思います。だからこそアパレルでは、便宜上、一定の範囲で線を引いたSサイズ・Mサイズ・Lサイズなどの体型の基準を決めて服を生産しています。

ものづくりも同じで、人が作業をする場合、必ずバラツキが生じます。

トヨタでは、『生産部門だけでなく、非生産部門にもすべてバラツキがある』という前提に立って、**『線を引いて、バラツキを小さくする必要がある』**と考えています。

仮に生産ラインの線（基準）が曖昧な場合、作業者個人の感覚や判断に委ねる範囲が広がってバラツキが大きくなります。製品の要素に大量のバラツキが含まれ、良品条件が満たせず（お客様の求める品質が満たせず）出荷できなくなります。バラツキを小さくするには、モノや道具、方法それぞれに線を引き、個人の判断を極力少なく容易にして、誰もが同じ基準の中で仕事をする必要があるのです」

会社として同じモノ（サービス含む）を売る以上、お客様の求めるモノをつくる必要があります。ですが、寸分たがわず同じモノをつくることは極めて困難です。

たとえば、同じ人が同じ部屋、同じ道具を使って作業したとしても、目線が少し違えば違うモノができあがるはずです。

あるいは、レストランでいつも同じ料理を頼んでいるのに、毎回、ひどく味が違うというケースでは、クレームを受けるのも仕方ありません。ですが、現実的に、まったく同じ色、形、味の材料を仕入れることは不可能でしょうから、同じ料理であっても、厳密には、わずかな味の違いがあるはずです。


世の中のものは刻一刻と変化し、一定ではありません。

だからこそ、「ここからここまではＯＫ」と線引きをすることがとても重要なのです。

お客様の信頼を損なっては、モノを売ることができません。そしてモノが売れなければ、会社を存続させることもできません。

先ほどのレストランの例でいうなら、納得のいく材料を仕入れることができないなら、「その日はその料理は出さない」という判断も必要です。そのレストランの味（基準の線）を引き下げて、お客様にそっぽを向かれたら、レストランの存続自体が危うくなります。


生産現場に限らずどのような仕事であれ、個人の判断に任せるとバラツキが大きくなります。だからこそ、「ここからここまではＯＫ」と線を引き、共有することが重要です。

LECTURE 05

POINT

正常・異常を判断する必須条件②「標準」やり方をそろえると、仕事の不備が丸見えになる

標準は、現時点で最も成果が出るやり方のこと
ミスや不良は、標準が守られなかった結果である

■誰がやっても、同じ結果が得られるようにする

トヨタでは、作業要領書、作業指導書、品質チェック要領書など、さまざまな**「標準」**が定められています。

標準とは、簡単にいうと、**「誰がやっても、同じ結果が得られる取り決め」**のことです。

職場で「このようにつくりましょう」という取り決めを守っていれば、従業員全員が同じやり方をするので、作業レベルや品質レベルが一定に保たれます。

守るべき手順、要点、規格、作業時間などを決め、それを順守することで、作業者の安

全が確保され、作業の効率化や品質の安定化を図ることが可能になります。

【標準を決めるおもなメリット】

- 社員や職場の安全が確保される
- 社員ごとの成果のバラつきがなくなる
- 抜け、漏れ、重複が起こりにくくなり、ミスの防止につながる
- 品質が均一化される（商品・サービス・仕事の結果）
- 特定の社員の限られたノウハウが可視化され、属人化が防げる
- 見直しや修正の頻度が少なくなり、時間やコストを削減できる

標準が決まっていれば、作業が「正常か、異常か」も、すぐにわかります。

標準にもとづいて作業が行われている　＝正常
標準から外れた方法で作業が行われている＝異常

たとえば、「ボルトを締めつけるときは、しっかり締める」という取り決めは、標準で

はありません。作業者によって「しっかり」の解釈に誤差が生じるからです。作業者に判断を委ねると、結果的に、ゆるんだボルトが出てくる可能性があります。

一方で、「指定のインパクトドライバーを使い、材質別の『規定トルク表』に従って締めつける」という取り決めは、標準です。使用する工具の名称と、締めつけの適正値が明示されているので、それに従えば、全員が同じ強さでボルトを締められます。

標準さえ守れば、誰が作業しても同じ結果が得られるので、仕事の均一化が実現します。標準を決めているにも関わらず、ボルトのゆるみが発生したなら、「標準が守られていなかった」ことが原因です。

通常、**トヨタで行う作業は、まず、標準を決めるところから始めます。**

標準が決まると、何がムダで、何を改善しなければならないかが明らかになります。また、「どの状態が正常で、どの状態が異常か」がすぐに判別できるので、不良やトラブルを未然に防ぐことが可能です。

トヨタでは「決められたやり方を守っているか」を重視しています。守っていなければやり方を守るように上司が注意をうながします。

そのやり方が「正しい」と決められているのには、会社としての理由があるからです

（理由の例：品質向上が見込める、安全につくれる、コストがかからない、など）。ですから、従業員が勝手に決まりを逸脱してはいけません。

■標準は、最も成果が出るやり方。平均点ではない

「標準」という言葉からは、「平均的」「月並み」という意味を連想されるかもしれません。ですが、「標準」と「平均」は違います。「標準」とは、「平均的なやり方」を指すのではなく、**「現時点で最も良いとされるやり方」**のことです。

「がん」の治療法にも、「標準治療」があります。この「標準」という言葉も、「並みの」という意味ではなく、「大規模臨床試験を経て、科学的根拠にもとづいた観点で現在利用できる最良の治療法」という意味で使われています（国立研究開発法人国立がん研究センター「がんに関する用語集」）。

トヨタにおける「標準」も、これと同じく「現時点での最良の方法」を意味します。標準が定着、運用されると、「普通の人でも、普通の努力で、普通以上の成果を上げる」ことが可能です。

トレーナーとして、サービス業や小売業などの製造業ではない現場の改善にも取り組ん

できた中上健治は、「トヨタでの標準作業は、ものをつくっていくときの規準（行動の手本）となるもの」と前置きしたうえで、「標準は、ムダのない順序で効率的に生産することを目的とした、現時点で最も良いとされるやり方」と説明しています。

たとえば、同程度の作業スキルを持つAさん、Bさん、Cさんの3人が、それぞれ異なる方法で作業をした結果、

Aさん　1時間に50個
Bさん　1時間に75個
Cさん　1時間に100個

という生産量だった場合は、最も多く生産できる「Cさんのやり方」がトヨタの標準となります。同等の作業スキルを持つ2人がCさんより劣っているのは、仕事のやり方にムダが生じているからだと考えられます。ですから、Cさんのやり方を標準にすると、

1時間に100個つくれる　＝正常
1時間に100個つくれない＝異常

と判断できます。

Cさんのやり方を共有して、AさんとBさんが「自分のやり方」と「Cさんのやり方」を比較し、見直し、トレーニングを積み、作業の精度を高めていけば、3人とも同じ成果

を上げることが可能です。

もしも、Cさんのやり方が標準として定着したあとに、「1時間に110個つくるやり方」をAさんが見つけたとしたら、どうすればよいのでしょうか。

今度は「Aさんのやり方」が、標準となります。標準は「現時点でのベストなやり方」ですから、変わっていくのは当然で、「変更してはいけないもの」ではありません。改善によって、さらに良い方法に変えられるなら、標準を書き換えていいのです。

「今よりももっと良い方法はないか」と標準を進化、発展させていくことが大切です。

では、3人の作業者が「手順は違うけれど、同じ時間で、同じ個数をつくることができた」としたらどうでしょうか。

Aさんは1→2→3の手順で、Bさんは2→3→1の手順で、Cさんは1→3→2の手順で作業をしていたとします。この場合、「同じ結果が出ているのだから、どの手順も正しい（どのやり方をしてもいい）」と考えるのは早計です。

「3人が違うやり方をしているのには、何か理由があるはずだ」と考え、その理由を丁寧にひも解いていきます。たとえ3人の違いがわずかだとしても、その違いを見過ごさないことが、さらなる改善につながるのです。

標準 = 現時点で最も良いとされるやり方

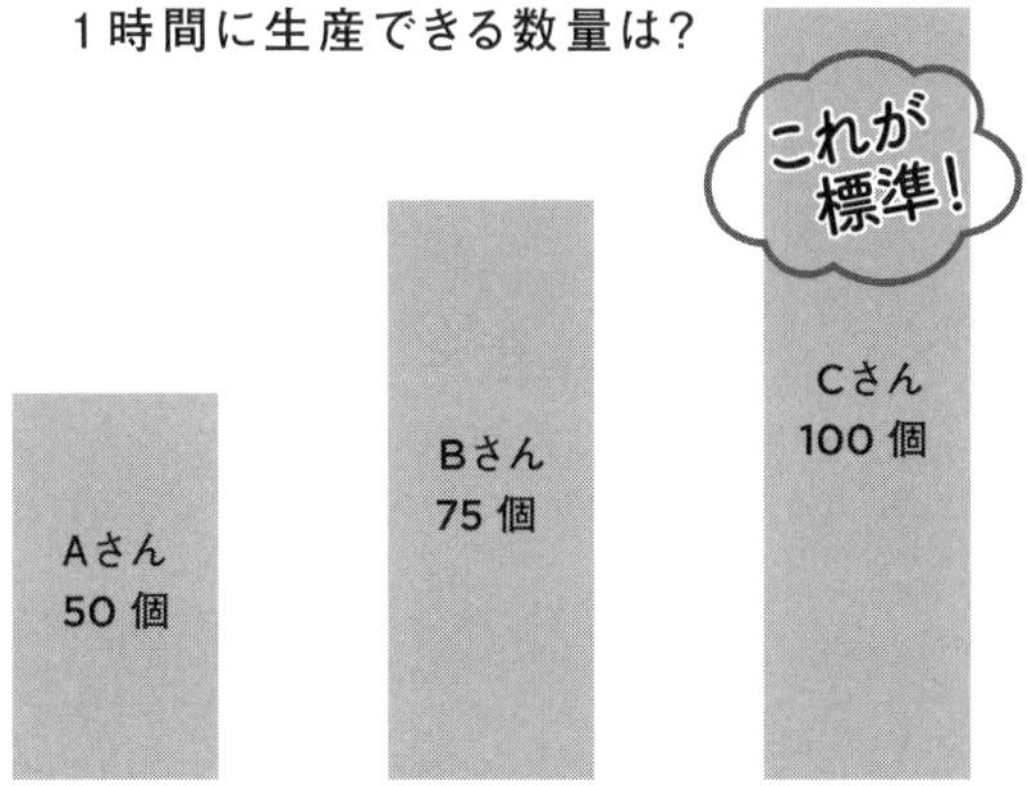

最も多く生産できるCさんのやり方が標準となる

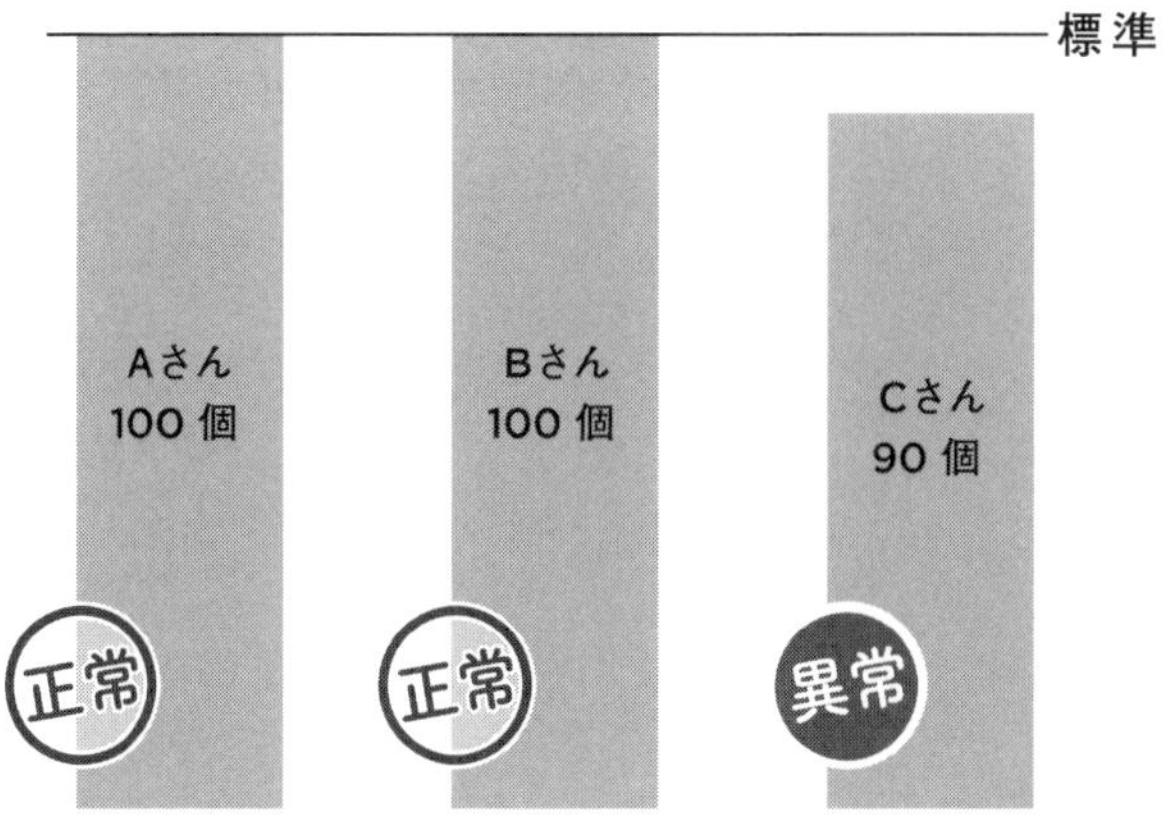

標準が決まると「正常か、異常か」の判断ができる

LECTURE

06

POINT

正常・異常を判断する必須条件③「方針」方向性とゴールを示す「線」

会社全体の方針（上位方針）に現場の現状を反映・検討したものが職場の方針（下位方針）となる

■方針を打ち出すと、社内の足並みがそろい出す

会社や部署の「**方針**」も、なくてはならない重要な線です。

方針が定まると、会社（経営層の考え）と社員の目指す方向が一致します。経営に関する考え方が一致すれば、組織の団結力が高まります。

一方、方針が定まらなければ、社員はどう考えるでしょうか。

「どこを目指すのが正解なのか？」

「どのように目指すのが正解なのか？」

目指す方向がわからないため、混乱します。

トヨタでは、「事業展開するうえでの目標」を明らかにするため、**方針の策定・管理を徹底**しています。

方針管理：中長期経営計画あるいは年度経営方針を体系的に達成するための活動のこと

方針は、進むべき方向を示すものです。

方針管理は、その方向に進むために、「今年は、こういう仕事をしよう」という具体的な指針を決めることです。つまり、新しい方向に行くために、やるべきことができているかを管理することです。

方針管理は、定めた「方針」と「実際に現場で起きていること」を比較・検証することで、「正常か、異常か」、「成果が出ているか、出ていないか」を判断します。

仮に、異常が起きているのなら、それは、**方針から外れている**ということです。再発防止策を講じるなどの対応が必要です。

トヨタでは、まず会社方針（上位方針）を理解し、ブレークダウンして自分の職場の方針を策定します。すべての方針は会社方針にひもづいているため、「グループ」の方針は「課」の方針達成に貢献し、「課」の方針は「部」の方針達成に貢献し、「部」の方針達成は中長期経営計画あるいは年度経営方針の達成に貢献します。

ただし、上から下りてきた方針にそのまま従うわけではありません。上位方針の意図を汲みつつ、現場（自職場）の現状を把握したうえで、マネジャー1人ひとりが階層（部、課、グループなど）ごとに最適な方針を考えて設定しています。トレーナーの井上陸彦は、「**会社として成果を出すためには、方針管理が必要である**」と話しています。

「ある指導先のマネジャーに、『あなたの部署の方針は何ですか？』と質問をしたところ、『自分たちには方針がない』という答えが返ってきました。

しかし実際には、『ない』のではなく、経営方針や事業計画がどこにも明記されておらず、会社の意思が現場に伝わっていなかったのです。

このマネジャーはひたすら、与えられた仕事をこなすだけでした。『なぜ、それをしなければいけないのか』『方針を実現するために何をすべきか』を自分で考えることもなかったため、現場からの自発的な改善に無頓着だったのです」

下位の方針は、上位の方針にひもづく

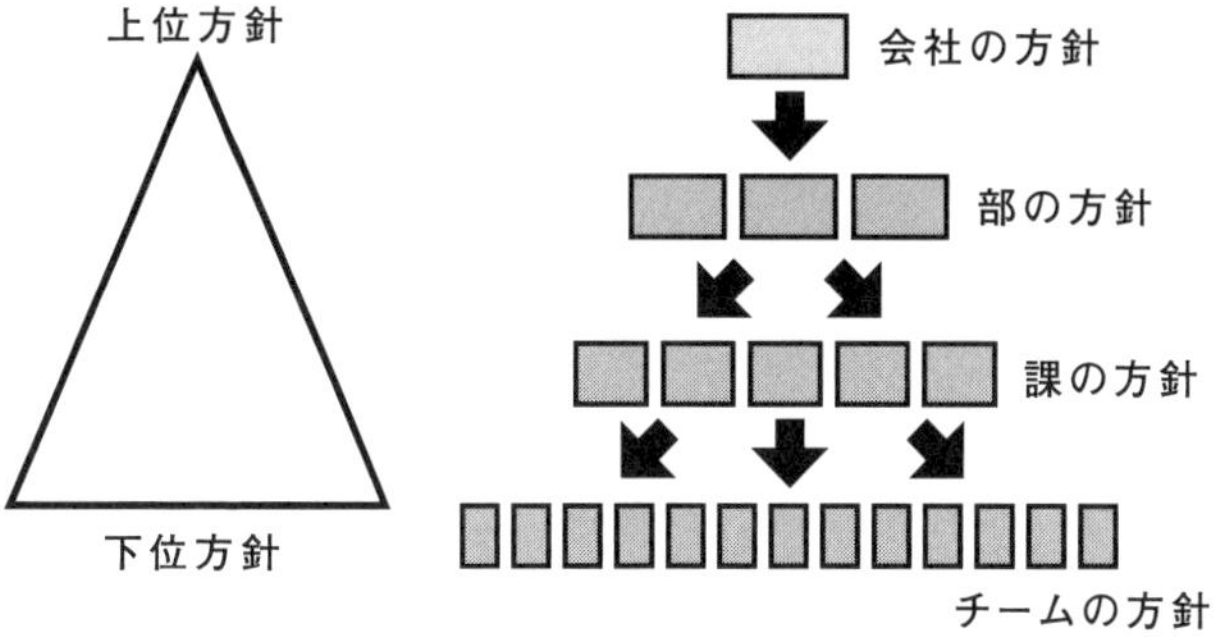

上位方針 社員の行動の基準になる方針

㊐「品質重視の1年にする」

↓

自職場の現状 方針と実際に現場で起きていることを比較・検証する

㊐「数は少ないが、繰り返し起きている不良がある」

↓

自職場の方針 上位方針と自職場の現状を踏まえ、マネジャーが策定する

㊐「○○工程の不良率3割低減」

↓

PDCAサイクルを回す 方針が達成されているか、検証する

○ 方針が達成された　＝正常（他部署にも展開）
× 方針が達成されなかった　＝異常（改善）

会社の方針が現場に浸透していないと、社員それぞれが良かれと思う方向に進もうと考えるので、バラバラの行動をしてしまいます。その結果、会社自体も迷走します。

一方、会社の方針が明確化されていれば、「すべきこと」と「してはいけないこと」の判別ができるようになるので、進むべき方向に進めます。

■線を正しく引くと、仕事のギャップが埋まる

基準と標準には、仕事に対する認識のズレから生じるギャップを埋める役割もあります。人によって、育ってきた時代背景や生活環境は異なります。そのため、仕事に対する考え方やスキルの差異が、当然、出てくるものです。

たとえば、デジタルネイティブ世代（生まれたときからインターネットがある環境で育った世代）と、団塊世代などのアナログ世代では、ITリテラシーに大きな差があります。ですが標準を決めれば、「どの世代も、同じツールを使って、同じ手順で作業をする」ようになるため、作業の品質のバラツキが埋まります。

同様に、会社方針や部門方針も、こうしたギャップを埋める役割を果たします。事業の目的や目指す方向を確実に共有することで、同じ方向に進めます。

LECTURE
07

POINT

線は、すべての職場の仕事に引ける

線は、工場などの生産現場や倉庫だけのものではない
オフィス業務やサービス業などでも大きな成果を生み出せる

■「線」は、どの職場にもなくてはならないもの

線は、生産現場のみならず、すべての職場、すべての仕事に必要です。オフィスワークにおいても、基準と標準を設定・共有していれば、誰もが時間をロスすることなく、同じスピードで、同じ質の仕事をこなすことができます。

たとえば、報告書を書くときは自由形式ではなく、テンプレート（定型のフォーマット）を用いると標準化が図れます。

【報告書を作成するときに決める標準の例】

- 標題→内容要旨→詳細内容の順番で書く
- A4用紙1枚にまとめる
- 詳細内容は項目分けして箇条書きにする
- 数字を使って定量的に事実を伝える
- 提出期限の3日前に上司に下書きを確認してもらう

こうした内容を標準として定めておけば、正確で過不足のない報告書が期限通りに提出できるだけでなく、作業工程の中でのムダなやり直しも減らせます。

また、個人のスタイルに任せがちな営業のプロセスにおいても、標準化は可能です。顧客への初回アプローチからクロージングまでのアクションを標準として定めるのです。

基準は、「この期日までに、ここまで売り伸ばす」という設定です。設定した期日に設定した金額未満のときは「異常」と判断します。

基準と標準を決めることで、問題点が見えてきます。「次の商談につながらない」「リピート率が低い」、「解約率が高い」など、各営業担当者のボトルネックを早期発見・早期解決できるようになると、営業部全体の業績を底上げできます。

人事評価についても同様です。「人事評価シート」を作成して評価基準や評価方法を設定すれば、「公正な評価ができる」「職場への心理的安全性が高まる」「離職率が低下する」といったメリットが期待できます。

線は「仕事が正しく行われているか、いないか」を判断するための目印です。

営業でも人事でも総務でも企画でもマーケティングでも、大企業でも中小企業でも、「どの状態が正常で、どこからが異常なのか」がわからなければ、何も手を打てません。

会社の目標に沿うように正しく線を引く。その線がお飾りにならないように、正しく運用する。そして、時代の変化に合わせて線を引き直すことが大切です。

本書は、トヨタの生産現場の知見をもとに「線の大切さ」を説明しているため、「トヨタの考え方は生産現場では有効だけれど、それ以外の職種、職場では役に立たないのではないか」「トヨタのような大企業のやり方は、うちのような中小企業には当てはまらないのではないか」と不安に思われる方もいるでしょう。ですが、**「線を引く」という方法は、職種、職場を問わない再現性の高い方法**なのです。

CHAPTER

01

まとめ

■線には「基準」「標準」「方針」の3つの必須条件がある。

■線は「判断の基準」と「手順の標準」を明確にするために引く。

■基準は、正常と異常を区別する判断軸のこと。線を引いて正常な状態（＝基準）が明らかになれば、現場の問題点（＝異常）がわかる。

■標準は、「このようにつくりましょう」という手順の取り決めのこと。現時点で「最も良い」とされるやり方。

■方針は、会社としての「すべきこと」と「してはいけないこと」を明確にし、組織の進むべき方向を決める線。

■「問題解決」とは、「あるべき姿（基準、標準）」と「現状」との差（ギャップ）を抽出し、その差を埋めること。

CHAPTER

02

「線」の効果

「線」を引くと、現場が劇的に変わり始める

社内に線を引いていれば、現場の問題点（＝異常）が明らかになります。異常の原因を突き止め、改善することで、会社はさらに成長します。線には、業務改善を加速させるさまざまな効果があるのです。

LECTURE

08

POINT

業務の「視《み》える化」が、属人化の解消につながる

誰が作業しても一定の成果を出し続けるためには作業を標準化して、ミスの起きやすい環境を解消する

■人に仕事がひもづくのは、線が引かれていないから

社内に線を引くと、**属人化**を防ぐことができます。

属人化とは、「このやり方は○○さんにしかできない」とか、「この件は○○さんに聞かないとわからない」、あるいは「○○さんが退職して、誰もわからない」などと、知識やノウハウ、スキルが共有されておらず、特定の担当者しか仕事の進め方を把握していない状況のことをいいます。

属人化が蔓延している職場では、顧客ごとに対応できる担当者が限定されてしまいま

す。何かあったときにクレームを受けたり（信用の低下）、迅速な対応ができなかったりするので（生産性の低下）、会社全体の利益に悪影響を及ぼします。

【属人化のおもなデメリット】

- 同じ人が同じ仕事をやり続けると、客観性を失いやすい
  ↓仕事が日常の景色になり、惰性で行われるため、ムリ・ムラ・ムダが放置される
- 多能工化が進まない（多能工：1人で複数の技能や技術を持つ作業者）
- 担当者が不在の場合に、対応が遅れるおそれがある
  ↓当該業務に関連する作業が、玉突き状態で遅延する可能性もある
- 担当者が異動・退職した場合、ノウハウを失う可能性がある
- 自分1人で仕事を完結するため、他者が正常、異常を判断できない
  ↓正常、異常の判断ができないと、業務改善が行えない
- 不正が行われていても発見できない
- 進捗や品質の管理が難しいため、適切な評価がしづらい
- 専門知識やスキルを独占するため、後続が育たない
- 高い専門性を発揮するには育成に時間がかかり、競合他社に遅れをとる

また、自分が身につけたスキルを外に出したがらない（他者に教えたがらない）社員も、職場の属人化を加速する要因です。本人は「努力して手に入れたスキルこそが自分の価値」と考えているのでしょうが、これも、会社全体の利益という観点では、そぐわないやり方です。

属人化の対義語は、「標準化」です。

CHAPTER01でも述べてきましたが、標準化とは、「現時点で最も良いとされるやり方」を共有して、「誰が作業しても一定水準の品質を担保するしくみ」「誰もが同じ手順、同じ時間で仕事を終えるしくみ」をつくることです。

何千、何万もの製品を同じ品質で提供するには、しくみによるマネジメントが必須です。業務フロー（作業の手順と流れ）を整え、標準と基準を設定し、それに則って業務を行うことで、属人化を解消できます。

■属人化を見過ごすと、ヒューマンエラーが発生しやすい

ヒューマンエラー（人間が原因となって発生するミス、事故、失敗）は、作業者の慣れや固定観念や決めつけなど、仕事が属人化しているときに発生しやすくなります。

ヒューマンエラーが発生した場合、一般的に「ミスをした本人に問題がある」と考えてしまいがちです。

けれども、トヨタは違います。

トヨタでは本人を責めることはせず、「しくみ」に着目します。

「人を責めるな、しくみを責めろ」がトヨタの姿勢なのです。

人為的ミスを誘発する真因（本当の原因）は、ミスを招きやすい環境をつくったことであり、「ミスを防ぐしくみがなかったこと」が悪いのです。

結果には、必ず真因が隠されています。その真因を突き止め改善しなければ、同じ結果を繰り返すことになります。

トレーナーの中上健治は、「ヒューマンエラーを引き起こす原因は『人』ではない」と考えています。

トヨタでは、ヒューマンエラーを「人がミスをした結果、発生してしまった」と捉えるのではなく、「何かしらの原因が発生した結果、人がミスを引き起こしてしまった」と捉えます。

「『ミス』という結果にだけ目を向けると、人を責めることになります。そうではなく、ミスを招いた本質に目を向けることが大切です。ヒューマンエラーが発生したのは、ミスを防ぐしくみがなかったから。あるいは、しくみがあっても正しく機能していなかったからです」

たとえば、ある営業部の成約率が低かったとしましょう。その原因は、「営業担当者の能力が低いから」ではありません。

- **営業担当者の能力を育成する体系的なしくみがない**
- **見込み客の獲得からアフターサポートまでのプロセスを数値化するしくみがない**
- **営業担当者の目標を細分化するしくみがない**
- **トークスクリプト（どのような内容で話をするのかを決めた台本）がない**
- **個人の成績を可視化するしくみがない**
- **顧客ニーズを把握するしくみがない**

ざっと挙げてみましたが、このような成約率を上げるためのしくみ（＝成約率を上げるための基準と標準）がないことが、おもな原因です。

標準とは、仕事の手順を明確にして、誰がやっても同じものができるようにすることです。「誰がやっても同じものができる」とは、言い換えれば、「新人でもベテランでも、誰が作業をしても『失敗しない』しくみがある」ということです。

トヨタにも、誰が作業をしても失敗しないしくみ「ポカヨケ」があります。

ポカヨケ：作業者のうっかりミス（ポカ）を避け（ヨケ）るしくみ

たとえば、ボルトなどの部品の締め忘れを防ぐために、取り付け工具に「部品の締め忘れを検知する機能」が備わっています。これだと、誰が作業をしていても、締め忘れを防げます。

ほかには、規格外品が発生するとアラートで知らせるしくみがあります。

「ミスを発生させないポカヨケ」と、「ミスが発生した場合に作業を止めるポカヨケ（自働化）」をしくみ化することで、ヒューマンエラーを食い止めることが可能になるのです。

LECTURE

09

POINT

線は「7つのムダ」を排除する切り札である

正しい線を引くことによって、現状の課題が可視化され、付加価値を生み出さない「7つのムダ」を取り除ける

■付加価値を高めない「7つのムダ」を取り除く

トヨタ生産方式の根底に流れているのは、「**ムダの排除**」です。

ムダとは、付加価値を高めない現象や結果のことで、余分に生産したり、余計な動作をすることです。

社内に線が引かれていないと、これまでのやり方、考え方が当たり前になってしまい、正常、異常の見極めが難しくなります。その結果、次の「7つのムダ」が発生し、職場に蔓延してしまうのです。

【7つのムダ】

①つくりすぎのムダ
②手待ちのムダ
③運搬のムダ
④加工のムダ
⑤在庫のムダ
⑥動作のムダ
⑦不良・手直しのムダ

やみくもにコストや時間を削減しようとすると、必要な作業まで削減するおそれがあります。ムダを正しく取り除くには、次の3つの観点に立ち、基準と標準を設定します。

- **何が必要で、何がムダなのか**
- **ムダには、どのような種類があるのか**
- **ムダをなくすために、どのようなやり方を共有すればいいのか**

現状の課題と基準、標準を照らし合わせ、線を引くことでムダが可視化され、ムダを取り除くことができます。

では、7つのムダを具体的に見ていきましょう。

①つくりすぎのムダ

必要以上に多く生産したり、必要時期より早く生産(つくりおき)すること。

【つくりすぎのムダの例】

- 設備・人員・原材料に余裕があるため、受注がなくても前倒しで生産を進める(売れ残るリスク、在庫を抱えるリスクがある)
- 営業部とマーケティング部が、それぞれ同じような売上予測データを作成している
- 使用頻度の低い備品を大量発注する

【つくりすぎのムダをなくす「線」の例】

- 求められる対象・ボリューム・頻度をその都度、確認する
- 適切な生産計画を立てる

- 棚卸しを定期的に実施して、在庫状況を可視化する
- 惰性で続けていた仕事や「このやり方が当たり前」という思い込みをいったん捨てて、新たな基準、標準を設定する

②手待ちのムダ

次の工程（作業）に進もうとしても進めず、何もせずに待っている状態。前工程が終わらないため、後工程に手待ちが発生する。

【手待ちのムダの例】

- ライン作業において、前工程から製品が流れてこない（オフィスワークの業務フローも同じ）
- トラブルが発生し、仕事が止まっている
- 材料が欠品しているため、作業に取りかかれない
- 人数が多く、一時的に作業のない人が発生している

【手待ちのムダをなくす「線」の例】

- リードタイム（作業の始まりから終わりまでにかかる所要時間）を明示・共有する
- 1人が、同じ工程の機械を複数担当する「多台持ち」をしくみ化する。「機械Aをセットして加工を始める→移動して機械Bをセットして加工を始める（2台持ち）→移動して機械Cをセットして加工を始める（3台持ち）」など
- 手待ちの時間に他の仕事を並行して行い、合計時間の短縮を図る
- 生産量や商品・部品種類を平均化して、「繰り返しのパターン」をつくる（一定の量の仕事が順番に流れるようにする）

③運搬のムダ

付加価値を生まない歩行、運搬、情報の流れのこと。原価が高くなる要因の1つ。

【運搬のムダの例】

- 発注をまとめず、五月雨で依頼している
- 商品を保管するルールがないため、目当ての商品がどこに置いてあるかわからない
- 後工程の作業場の距離が遠く、仕掛品《しかかりひん》（製造途中の製品）の運搬に時間がかかる

・渋滞の多い時間帯に移動している

【運搬のムダをなくす「線」の例】

・工程間の作業が順序良く進むように生産計画を考える
・作業者の動線を決め、製造品の移動距離を短くする
・作業場のレイアウトや備品の配置などを工夫する
・在庫が増えるとモノが停滞するため、在庫量を適切に保つ

④加工のムダ

生産（工程の進み）や品質（加工品の精度）に貢献しない不必要な加工のこと。仕事の完成度とは関係のない部分にリソースを注ぐこと。

【加工のムダの例】

・社内資料を作成する際、必要以上にデザインに凝る
・材料を切ったり、削ったりする際に、必要以上に大きな材料を使うとより多くの加工時間がかかる

・社内に品質保証部があるのに、外注の検査機関にも同一の検査を依頼している（「念のため」は加工のムダを生む大きな要因）

【加工のムダをなくす「線」の例】

・仕事の目的（誰に、何のために）を明確にし、仕上げの基準（どのレベルまで仕上げるのか、大切なポイントは何か）を共有する。会議資料の作成なら、「社内の限られた関係者向けの資料なので、Ａ４用紙１枚に討議項目を箇条書きすればよい」など
・言語化が難しい熟練者のカンやコツを抽出して「作業要領書」にまとめ、技能の共有化を図る
・「〇〇に関するデータを集めるときは、この情報源に当たる」など、仕事の進め方のルールを決める

⑤在庫のムダ

必要以上に在庫、仕掛品、備品、書類、データを持つこと。探す時間のムダ、あるいは、保管のための余分なコストのもと。すぐに売れないモノを抱えることでキャッシュフローを悪くする、問題があっても見えにくくなるなど、多くのムダの原因となる。

【在庫のムダの例】

・完成品、部品、材料などが必要以上に保管されている
・担当者の発注ミスによって納品され、使われていない在庫がある
・不良品を出したときにリカバリーできるように、大量の在庫を保管している
・やるべきことが多すぎて手がつけられない（仕事の滞留《たいりゅう》も、「やるべき仕事が残されている」という点において在庫のムダと解釈できる）

【在庫のムダをなくす「線」の例】

・「必要なモノ」と「不要なモノ」の線引きをし、5Sにおける「整理」を徹底する
・発注点を明示する（「その数量を下回った場合に発注する」と基準を決める）
・在庫日数が最短になるように生産計画を立てる

⑥動作のムダ

付加価値を生まない人の動き（ムダな動作や歩行、ムリな姿勢での作業など）のこと。

【動作のムダの例】

・毎日使う資料が引き出しの奥に収納されていて、取り出しにくい
・工具がどこに置いてあるかわからず、工場内を探す
・用事を思いついた都度、離席する
・同じ作業を何度も繰り返す
・作業Aに必要な機械と、Aと連続して行う作業Bに必要な機械が離れている
・本当に関係があるかないかを判断せずにCcで多くの人にメールを送るのは、受け取った人の動作のムダを生むうえに、Ccで送ること自体が動作のムダとなる

【動作のムダをなくす「線」の例】

・整理整頓をして、モノの置き場所を決める。作業に必要な部品は手の届く範囲に置いておく。少ない動きで済むようにモノを配置する。
・表示方法を工夫して、「どこに、何があるのか」をひと目で把握できるようにする
・作業スペースのレイアウトを見直す

⑦不良・手直しのムダ

廃棄が必要なもの（不良品）をつくったり、手直しが必要な仕事をすること。不良品や手直しの発生は莫大なコストの浪費となる。

【不良・手直しのムダの例】

- 機械の条件設定を間違えた
- 原材料や配合量を間違えた
- 不良品を廃棄したため、廃棄コストがかかった

【不良・手直しのムダをなくす「線」の例】

- 動作や機械操作の手順を周知し、作業者の理解度を深める

「その条件通りにつくれば品質が保証される」という条件と、「期待すべき結果を満たしているかどうかを判断する」ための品質基準を明確にする

不良のムダをなくす線の例を1つお話ししましょう。

トレーナーの井上陸彦が、新任組長として現場に赴任したときのことです。

その現場では、「設備による不良が多発していた」といいます。井上が自ら現場に出向

いて設備を分解して確認したところ、ダクト内の汚れが原因であることが判明しました。日常的な清掃だけでは除去できない汚れが溜まっていたのです。

「その設備では、畳1畳分ほどのフィルターを、週1回、定期的に交換していました。ですがそれだけでは汚れを防ぐことができませんでした。そこで、『フィルターを毎日交換する』『設備の隙間を埋めて汚れが入らないようにする』『フィルターを増設する』といった改善策（フィルター管理の基準と標準）を提案し、実施したところ、当初発生していた不良が10分の1まで減少しました。

週に1回の交換を毎日交換に変更したため、フィルターにかかる費用は改善前に比べて上がりました。しかし、不良を出したときのロスコスト（本来は発生すべきでないムダな費用。材料費、人件費、光熱費など）のほうが何倍も大きかったため、結果的に原価低減を実現できました」

■ムダを省くことは、個人の人生を尊重すること

ムダの排除は、生産性の向上のみならず、「**個人の人生を尊重すること**」につながって

います。

「部下にムダな仕事（付加価値の低い仕事）」をさせることは、その人の貴重な人生の一部を「何の付加価値もないこと」に費やさせてしまうことです。

大学卒業後、社会に出て、「1日8時間、年間240日、22歳から60歳まで（あるいは65歳まで）働く」とすると、人生の多くの時間を仕事に費やすことになります。だからこそ、仕事の時間を有意義にする責務をリーダーは担っています。

トヨタのマネジャーの多くが、「自分たちの仲間にムダな仕事をさせたくない」と考えています。

「ムダを排除することは、従業員の時間（＝人生）を守ること」

そう確信しています。

LECTURE

10

POINT

タイミング（時間）に線を引く

「ジャスト・イン・タイム」を実現すればタイミングが適正化され、大きな成果が見込める

■過剰在庫や欠品を防ぎ、適正在庫が実現する

トヨタは「**ジャスト・イン・タイム**」という考え方で生産しています。

ジャスト・イン・タイム（just in time）の直訳は「ギリギリ間に合う」で、生産現場の「ムリ・ムラ・ムダ（7つのムダ）」をなくして、次の2つを実現します。

- **各工程が必要なものだけを、流れるように停滞なく生産する**
- **必要なものを、必要なときに、必要な分だけ供給する（生産する）**

必要なものを、必要なときに、必要な分だけ

ジャスト・イン・タイム導入**前**

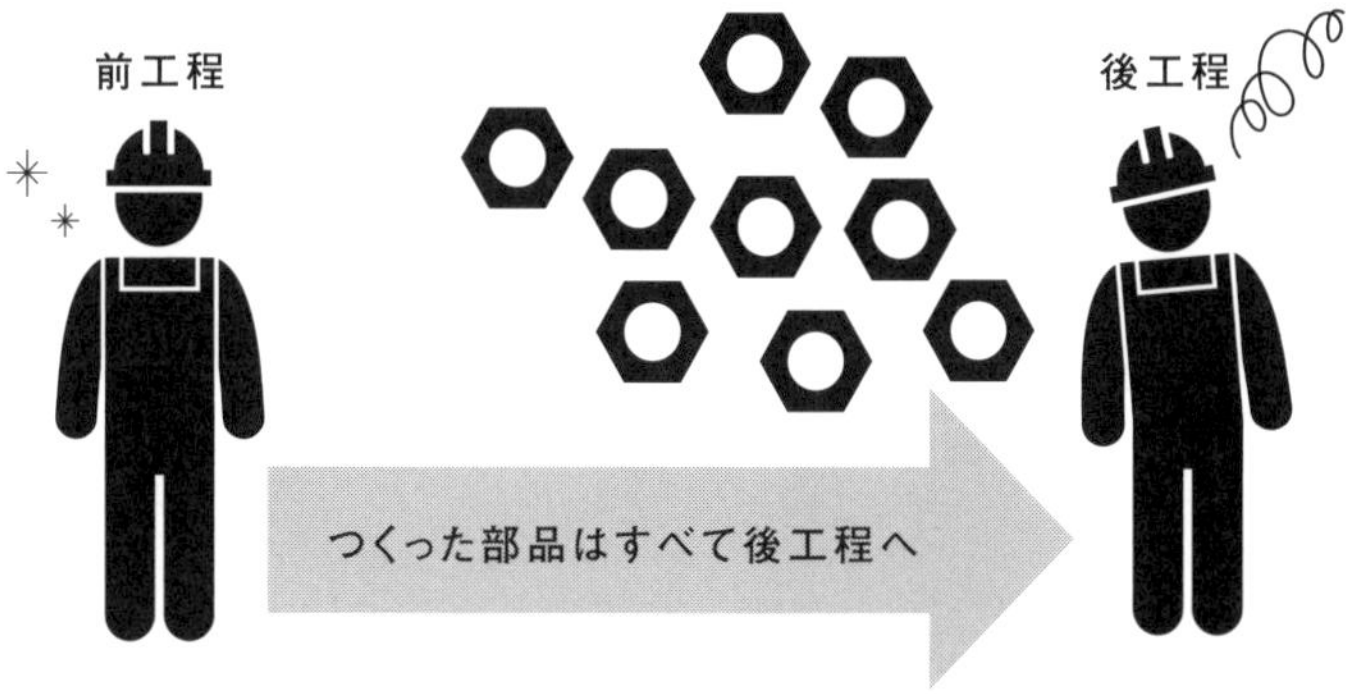

ジャスト・イン・タイム導入**後**

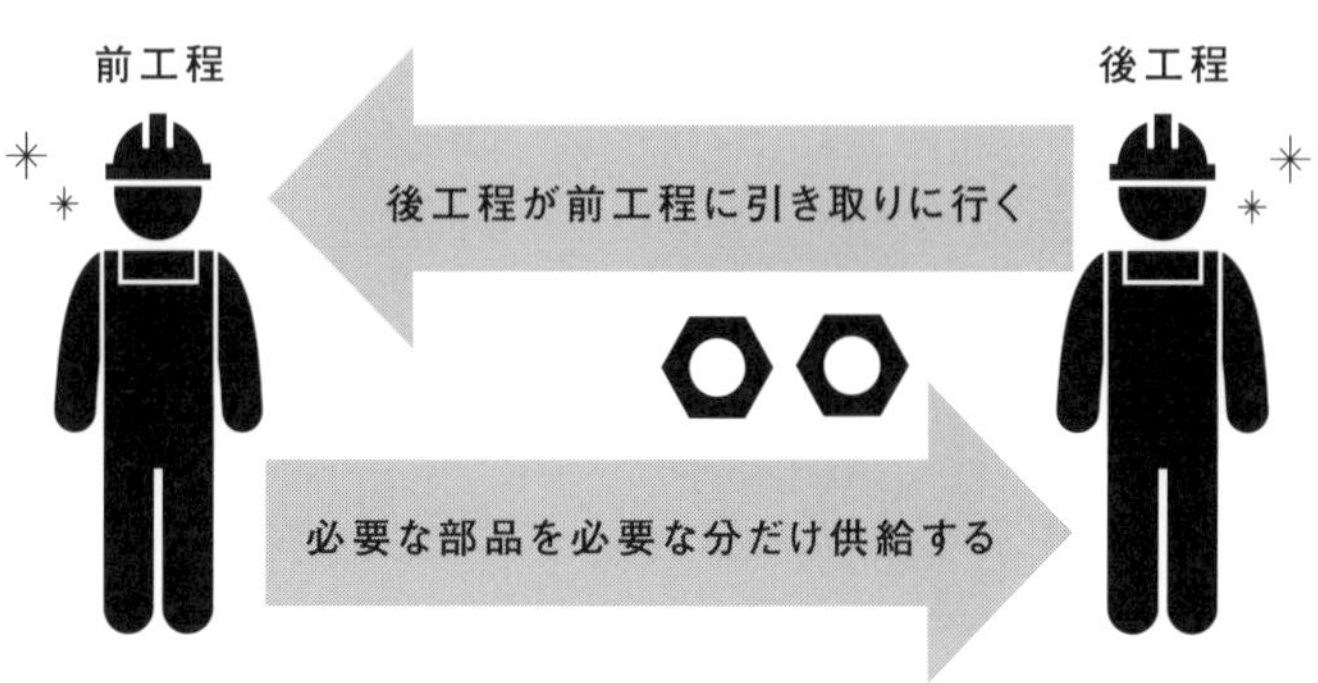

このジャスト・イン・タイムを実現するための具体的な手法の1つが、「かんばん方式」です。後工程と前工程間における発注・納品のやりとりを「かんばん」と呼ばれるボード（次ページ参照）を使って行っているため、かんばん方式と名づけられています。

かんばんは、「何を、いつ、どこで、どれだけ生産し、運搬するか」の指示を記した**生産工程の基準、標準**といえます。

【かんばん方式のメリット】

- 過剰在庫を防ぎ、在庫量を最小限に抑えられる
- 在庫切れを防げる
- かんばんを見れば、ひと目で情報を共有できる
- 作業の標準化が進む

ジャスト・イン・タイムの導入以前は、前工程はつくった部品を、必要数に関わらず後工程に届けていました。

一方、ジャスト・イン・タイムが導入されてからは、後工程が必要な部品（使った部品）を前工程へ引き取りに行くと決められています。

情報共有をスムーズにする「かんばん方式」

●発注かんばんのイメージ

<table>
<tr><td rowspan="2">発注点
（基準点）</td><td rowspan="2">4</td><td>所番地</td><td colspan="2">倉庫F−A−1</td></tr>
<tr><td>種　類</td><td colspan="2">シリコンテープ</td></tr>
<tr><td colspan="2" rowspan="6"></td><td>品　名</td><td colspan="2">○○50㎜</td></tr>
<tr><td rowspan="2">収容数</td><td rowspan="2">8個</td><td>最大8個</td></tr>
<tr><td>最小2個</td></tr>
<tr><td>発注先</td><td colspan="2">ABC商事</td></tr>
<tr><td>発注数</td><td colspan="2">4個</td></tr>
<tr><td colspan="2">納品リードタイム</td><td>5日</td></tr>
</table>

●引取かんばんのイメージ

<table>
<tr><td>所番地</td><td colspan="3">BB−X−1</td></tr>
<tr><td>種　類</td><td colspan="3">コピー用紙</td></tr>
<tr><td>品　名</td><td colspan="3">A4−500枚</td></tr>
<tr><td>前工程</td><td>AA工程</td><td>収容数</td><td>5個</td></tr>
<tr><td>後工程</td><td>BB工程</td><td>容　器</td><td>ポリ箱</td></tr>
</table>

つまり、1本の線を引いて、その線を守ろうとした結果できあがったしくみが、かんばん方式なのです。

後工程は、何の部品を引き取ればいいかわかるように、部品に「引取かんばん」を付けておき、その部品を使ったらかんばんを外して、外れた分だけの部品を前工程に取りに行きます。

前工程では「仕掛けかんばん」をつけておき、部品が引き取られたらかんばんを外し、外れた分だけ生産します。

【ジャスト・イン・タイムの基本形】

①お客様から注文を受けたら、なるべく早く組み立てラインの先頭に生産指示を出す

←

②組み立てラインは、どんな注文がきてもつくれるように、すべての種類の部品を少しずつ取りそろえておく。作業者は、自分の作業に必要な量だけ、部品を手元に持つ。多すぎても、少なすぎてもいけない

←

③組み立てラインは、使用した部品を使用した分だけ、その部品をつくる工程（前工程）

に引き取りに行く
↓
④前工程では、すべての種類の部品を少しずつ取りそろえておき、後工程に引き取られた分だけ生産する

在庫が増えてしまうのも、欠品するのも、「何が必要なのか」「どのタイミングで在庫を持てばいいのか」「どれだけの量を持てばいいのか」の基準が曖昧だからです。

過去の実績と推移、「欠品→補充」の日数などを踏まえて適正在庫（欠品を出さない最小限の在庫の基準）を決めておけば、適正以上の（あるいは適正以下の）在庫を抱えることがなくなります。

40年以上、在庫管理業務に携わり、北米や欧州で工具管理の立ち上げ支援を行った経験を持つトレーナーの塚田好司は、「最低在庫と最高在庫だけでなく、欠品した場合に対処するときの手順も標準化しておくべき」と考えています。

「在庫管理における『異常』とは、『在庫がゼロになること』ではなく、『必要なときにない状態』『注文に応じることができない状態』のことをいいます。ですから、在庫の『異

常』が発生したときは、ただちに対処しなくてはいけません。異常が出た段階で対応策を考えるのではなく、『最初にやることはコレ、次にやることはコレ、その次にやることはコレ……』と、標準を定めておくことが重要です。そうすれば、誰であっても適切に対処できます。

たとえば、ある部品で「在庫がない」という異常が発生した場合は、
①自前で同じ部品を用意できるか（他部署にないか）
②ほかの工場から取り寄せられないか
③仕入先から即時購入可能か
④同一品がない場合は代替品を用意できないか
といった順序で対処法を決めておきます」

■在庫の視える化と小ロット生産で余剰在庫を減らす

トレーナーの塚田は、仕入先企業への改善支援を経験しています。
トヨタ側が必要とする製品の欠品が続いたため、塚田を含む3名がトヨタから出向し、かんばん方式を導入するなど、在庫管理の改善に努めました。

「出向直後に倉庫内を見渡すと、在庫が非常に多い印象でした。それなのに、欠品が続いていて、トヨタに製品を納入できないという状態に陥っていたのです。

訪れた当時、ロット生産（数量単位で商品を生産する方式）だったため、そのロットをつくり終えるまで次の製品がつくれず、使わない在庫ばかりが増えているということがわかりました。そこで、かんばん方式を導入したのです。

かんばん方式を運用するようになって、きちんと必要な在庫数を把握できるようになり、製品を管理しやすくなりました。

さらに、生産ロットを小さくする改善に着手しました。小ロット生産なら、需要に合わせて生産量を柔軟に調整することが可能です。

当初、支援先の社員は、『一応、話くらい聞いておくか』という受け身の姿勢でした。しかし、商品の欠品が少なくなったのはもちろん、ムダな在庫がなくなって作業効率がアップするなどの目に見える効果が次々に明らかになるに従って、本人たち自身が改善に意欲的になりました」

LECTURE

11

POINT

メンバー間の仕事のバラツキをなくす

線を引くと、作業環境にメリットがあるだけでなく負荷が均等化され、従業員のストレス軽減にも役立つ

■仕事量や作業負担を均一にする

基準、標準の設定は、「仕事の平準化」にも貢献します。「生産するモノの種類と量」「作業者の仕事量」を均等化することで、リソースの偏りがなくなります。

平準化：ある規定の生産数や種類を一定の期間でならして生産すること。また、特定の作業者に仕事が集中しないよう分散させること。短いサイクルで工程をつないで生産していく「ジャスト・イン・タイム」の前提条件

【平準化のおもなメリット】

- メンバー間の仕事量のバラッキがなくなり、仕事の負荷を均等化できる
- 在庫のムダ、手待ちのムダ、つくりすぎのムダがなくなる
- 過剰な設備投資、過剰な人員の投入を必要としない
- 一定の量の仕事を順番に流したほうが、後工程はスムーズに作業ができる
- 顧客の要求変更にも柔軟に対応できる
- 残業時間が削減できる
- 不平不満や心身の疲労、ストレスを軽減できる

基準と標準を設けずに、「今日、何の仕事を、どれだけするのか」を個人の裁量に任せっきりにしていると、思いつきで仕事をするようになったり、やるべき仕事が終わらないのに注意されない状態が続くため、属人化が進みます。

メンバーが同程度の品質、仕事量で作業を遂行できるようにするためには、「どの作業が、どのタイミングで、どれくらいの頻度で、どれくらいのボリュームで発生しているのか」「特定の担当者に負荷がかかっていないか」「仕事の手順、準備などの段取りは適切か」といった内容を検証し、現状に即した基準、標準をつくることが必要です。

LECTURE
12

POINT

線を引かなければ、マネジャーの責務は果たせない

5大任務（安全、品質、生産、原価、人材育成）は線を活用することで実現しやすくなる

■マネジャーは、「5大任務」に線を引く

トヨタには、現場を管理するマネジャー（トヨタの現場では管理監督者と呼びます）が徹底すべき仕事の基本として、「**5大任務**」を掲げています。

基準と標準は、5大任務の遂行に不可欠です。

【5大任務】

①安全（安全で働きやすい職場をつくる）

製造業に限らず、あらゆる業種で最優先とすべき項目。作業の「標準」を守ることが、作業者の安全を守ることにつながります。

②品質（不良をつくらない）

工程や業務プロセスを管理するために必要なルール・方法・基準を規定。定期的に確認と見直しを実施します。

たとえば、トヨタの現場では、誰かが「たった1つ」の決められた手順を飛ばした（線を守らない）だけで、一瞬にして数万台もの損失（何億円もの損失）につながります。

〈損失の計算イメージ〉

1つの手順を飛ばす　×　数万台分の車が不良
×　月（約20日）
×　年間（12カ月）
×　工場数（元町、田原、高岡……など）
＝　数億円の損失！

生産規模が大きいために「たった1つ」の影響は計り知れません。品質の良し悪しを決める線（基準）と不良をつくらないための線（標準）が非常に重要となります。

③生産（短い時間で必要数を納期通りつくる）

生産性向上のために定常業務（ルーティン化された仕事）を重視すること。ムダを削減して生産プロセスを効率化します。

④原価（できるだけ安くつくる）

「良いモノを安く」が経営の根本。ムダを省き、つくり方の標準を定め、合理化を推し進めることで、原価低減が実現します。つくり方を変えたらどうか、材料を変えたらどうか、人を変えたらどうか、仕事のプロセスを変えたらどうか……と、さまざまな視点から基準、標準を検討します。

⑤人材育成（優秀な人材を育成する）

トヨタの人材育成の理念は、「モノづくりは人づくり」。この考え方が人材育成の最も太い線となります。「周囲へ好影響を与え、頼られ信頼される人間力」と「専門性を発揮し、仕事を前に進め、人を育てることができる実行力」の2つの力を兼ね備えた「トヨタの看板がなくても活躍できる人材」を育成します。

ものづくりの指導では、かつては「目で見て盗み、身体で覚える」という考え方が主流の時代もありました。ですが、「見て盗め」方式は、実際のところ、理解や技量に偏りが生まれやすいといえるでしょう。「標準」がある職場は、作業や品質が一定のレベルを保つことができるため、人材の成長も早いです。

■ 行動を見直して標準をつくると、原価低減が実現する

トヨタの豊田章男は、社長在籍時の2018年5月に行われた「2018年3月期決算説明会」において、次のメッセージを残しています。

『原価に適正利潤を上乗せして販売価格を決める』のではなく、「販売価格は、市場すなわちお客様が決める」という大前提のもと、『我々にできることは原価を下げることだけだ』という考え方です」（トヨタホームページ「トヨタイムズ」）

「原価」を見ることは、「行動」を見ることです。原価を下げるためには、「1円でも安い材料を買うこと」以上に、「これまでの行動を見直すこと」が必要です。

そして、行動を見直すとは、基準、標準（今のやり方）を見直すことと同義です。

トヨタ生産方式には、「**つくり方によってコストが変わる**」という基本的な考え方があります。

たとえば、「毎年、安い材料を買う」のではなく、「材料をムダなく使う改善を進めること」で、材料の使用量を低減し、結果的にコストを下げるといった方法を考え出します。

また、設備の不調を見つけたときは、「修理に出したり買い換えたりする」のではなく、現場の作業者たちが自らメンテナンスして故障を防ごうと考えるのです。

1人ひとりが原価意識を持って日常の行動を見直し、「ムダ」を排除することで、原価低減が実現します。

トレーナーの高木新治は、「工程や手順を見直すこと」が原価低減の前提であると言います。

「たとえば今、10人で作業しているのなら、『8人に減らせないか』と考えます。100時間かかっている作業なら、80時間に短縮できないかと考えます。

『値引き交渉をして原価を抑える』という考え方よりも、『線を引き直して（基準や標準を見直して）現場を改善し、結果的に原価低減を実現する』という発想がトヨタには根づいていると感じています」

LECTURE 13

POINT

教え方にバラツキがあると人が育たない

人材育成は、教える人の能力によっても結果が変わる
教える側にも標準、基準が必要となる

■標準があれば、誰でも同じように教えることができる

標準は、仕事を覚える側だけでなく、「仕事を教える側」の指針でもあります。標準が決まっていれば、「教える人によって教える内容が変わってしまう」という育成上のリスクをなくすことができるからです。

トレーナーの瀧和弘は、「標準が決まっていないと、どのようにやればいいのかがわからず、作業者が迷ってしまう」と話しています。

「標準があれば、誰が教えても、同じやり方を身につけさせることが可能です。

以前、ある会社の新人社員が仕事をうまく進められず悩んでいたことがありました。

理由を探ってみたところ、その新入社員の指導にあたっている先輩2人の教え方が、ことごとく異なることが原因だったのです。

A先輩に教えられたやり方で作業をしていると、B先輩に『それは違う』と怒られる。B先輩のやり方で作業をすると、A先輩に怒られる。A先輩とB先輩のやり方が統一されていないため、新人社員は板ばさみになっていたのです」

仕事の進め方の標準が決まっている職場であったなら、この新人社員のように戸惑うことはなかったでしょう。

教え方のバラツキをなくすためにも、標準をつくる必要があるのです。

LECTURE
14

POINT
仕事の目的を明確にして、不必要な作業をなくす

「この仕事は必要なのか?」と問いかけながら常に仕事の目的を考えて線を引く

■不必要な作業をルーティン化させてはいけない

作業の目的を再確認すると、不必要な作業を省くことができます。目的に沿った線を引くことで、線の効果が最大限に発揮されます。

逆に、目的(目標)が変わっているのに線を変えないでいると、不必要な作業を生み出し続けてしまいます。

たとえば、ルーティンワーク。ルーティンワークは習慣化しやすいメリットがある一方で、作業自体が目的となりやすく、気づかないうちに不必要な作業を生み出している可能

性があります。

まったく成果にはつながらないのに、「今までもこうしてきたから」「それが当たり前だから」という理由で不必要な作業を続けてしまっている企業も少なくありません。

「作業の目的を明確にしないと、意味のない基準ができてしまう。そして、意味のない基準に翻弄《ほんろう》され、ムダな時間を費やすことになる」

こう話すのは、トレーナーの岡田憲三です。

「指導先のA社で、こんなことがありました。役員会が終わったあと、書記担当者が丸1日かけて議事録を作成していたのです。会議の音声を文字に起こし、清書し、役員8人にそれぞれ内容確認を行い、間違いがあれば修正する、という作業をしていました。

私が担当者に『役員は全員出席しているのだから、議事録はいらないのでは？』と尋ねると、『役員8人全員に確認を取り、上司の承認を得てから配布するのが、わが社の決まりなんです』という答えが返ってきました。今までもそうだったのだから、これからもそうするのが正しいと思い込んでいるわけです。

会社を改善するうえで必要なのは、『役員がどのような発言をしたか』を記録に残すことではなく、『決定事項を周知すること』です。そこで、議事録の書き方と目的を見直し、『決定事項を速報としてその日のうちに回すこと』にした結果、丸1日かかっていた作業はなくなりました」

■仕事の目的を意識しながら、線を引く

同じくA社では、外国人のインターンシップ生5名に、インターン期間中の食費の援助をしていましたが、「全員の飲食に要した領収書をすべて確認したうえで支援金を支給する」という決まりだったため、領収書の確認作業にかなりの時間が取られていました。

トレーナーの岡田が経理担当者に「どうして領収書の確認に時間をかけているのか？」と尋ねると、「前任者がやっていたから」という答えが返ってきたそうです。

現在は、給付の制度が「1日に一定額の食事手当を支給する」と変更され、領収書の確認作業はなくなっています。基準を変更したのです。

以前は何らかの事情があって必要な作業だったのかもしれません。しかし、時代やシステムの変化に合わせて基準を変えていかなければ、ムダな仕事は増える一方です。**ムダを省くには、『なぜ今、この仕事が必要なのか』を考えたうえで線を引くことが大切です。**

CHAPTER

02

まとめ

■社内に線を引いて基準と標準が決まると、属人化を防げる。

■ヒューマンエラーが発生するのは、「しくみ」に問題があるから。

■線は、「7つのムダ」の排除に役立つ（①つくりすぎのムダ、②手待ちのムダ、③運搬のムダ、④加工のムダ、⑤在庫のムダ、⑥動作のムダ、⑦不良・手直しのムダ）。

■「必要なものを、必要なときに、必要な分だけ生産する」ためには、線による管理が有効である。

■標準が決まっていれば、誰でも同じように教えることができる。教え方のバラツキがなくなる。

CHAPTER

03

「線」の引き方

最初から「100点満点」を目指さない

線を引いても、その線が現場に即した線で、社員の行動を変える線でなければ、意味がありません。では、「誰が」「何に」「どのような」線を引けば会社は変わるのでしょうか。付加価値を高める線の引き方について解説します。

LECTURE
15

POINT

時間をかけて正確に引くより、すぐに引くのが大事

まず1本、引いてみる
実践の中で修正を加えていくことで、線の精度が上がる

■線を引くときは、巧遅《こうち》より拙速《せっそく》

トヨタの現場では、完璧さ以上にスピードを重視しており、「**改善は巧遅より拙速**」という行動原理が浸透しています。

「巧遅」とは、「考え方はすばらしいが、実行までに時間がかかる」こと。「拙速」とは、「出来栄えは今ひとつだが、とにかく速い」ことです。

稚拙でもいいから、「先に踏み出す」。完璧な改善策を考えてから着手するのではなく、「すぐに取りかかる」。１００％の条件が揃ってから始めるのではなく、「成功する可能性

が60%の段階でスタートを切る」。そして、スピードを担保しながら、「実践の中で仕事の質を上げていく」ことが重要です。

「考」よりも大切なのは「行」、「正しさ」よりも大切なのは「速さ」です。

【拙速のメリット】

・机上の空論にならない

じっくりと考えてから始めてみたものの、実際にやってみると、まったく異なる結果になることがあります。また、熟考した割には内容がともなっていないこともあります。だとすれば、仮説を立て、すぐに実行し、必要に応じて修正を加えていくほうが得策です。実際に一歩踏み出すことで、スタート前にはわからなかったことが見えてくる場合もあります。

・すぐに修正ができる

行動を起こした結果、失敗に気づいたり、別の案が見つかったなら、やり直せばいいだけです。早くスタートを切ったほうが、軌道修正にも早く取りかかれます。

・緊急事態や目まぐるしく変化する現場に対応できる

あれこれ考えている間にも、状況は変わります。そのため、熟考して練り上げたプランが現状に沿わないものになることもあります。

■最初の線は「とりあえず」でかまわない

社内に新しい線を引くとき（基準や標準を設定するとき）も、「改善は巧遅より拙速」が鉄則です。トレーナーの中上健治は、「考えてから走るのではなく、すぐに走り出して、走りながら考える」ことの大切さを口にしています。

「机上で一所懸命考えたところで正解はわかりません。最初から100点の線を目指さなくていいのです。60点、70点の精度でいいから、さっさと線を引いて試してみる。そして、試しながら残りの30点、40点を補っていけばいいのです」

トレーナーの高木新治も、「問題なのは『線がない』ことであって、『線が正しくない』ことではない」と言っています。

「基準、標準の精度はひとまず置いておき、暫定のものでいいから線を引く。そして運用しながら線を高くしたり、低くしたり、していけばいい。

線は『変えてはいけないもの』ではありません。むしろ、**同じ線を使い続けることは改善を止めること**です。線は、使いながら修正を加えていけばいいのです。仮決めした線が現場の実態を捉えていなかったり、『正常、異常の判断』の役に立たないときは、『なぜ、最初の線は有効ではなかったのか』と、その原因を明らかにして、それを正すための新しい線を引き直します」

たとえば、工場内の区画線を仮決めしたところ、モノがあふれかえってしまったというのであれば、囲む範囲を広げます。

「区画線内には製品Aを置く」と決めたとしても、製品Bを使用する作業場所のほうが近くて運搬距離も短いのなら、Aではなく、Bの置き場に変えてみます。

まずは線を1本引いてみる。そして、現状をよく見たうえで、修正をかけていく。

暫定でもいいのです。**何か基準ができれば、それをもとにして正常・異常がわかります**。暫定の基準、標準のもと、現実の動きを見ながら修正をかけることで、線の精度、確度が上がります。もちろん、安全性に欠けたり、品質に影響しそうな場合は、安全性や品質が担保されない限り、効率を優先して線を引き直すことはありません。

LECTURE
16

POINT

必ず「現場目線」で引く

現場の実情に沿わない線は放置されやすい
5大任務と4Mを活用して、現場の問題を洗い出そう

■「現場で本当に困っていること」を洗い出す

トレーナーが指導先でよく受ける相談があります。

「基準、標準の効果は理解できました。うちの会社にも線はありますが、正しく機能していないことがわかりました。なので新しく線を引き直したいのですが、どこに線を引いていいかわかりません……」

そんなときは、まず、2つのアクションに取りかかることを勧めています。

①現場で困っていることを洗い出す
②一度にたくさん線の線を引かず、1、2本からスタートする

では、それぞれ見ていきましょう。

①現場で困っていることを洗い出す

目的を持って社内にルールや制度を設けても、その有用性が失われて、形骸化《けいがいか》することがあります。

形骸化のいちばんの要因は、「ルールや制度が、現場や仕事の実態に合っていないこと」です。放置されているルールや制度は、上から押しつけられたものだったり、上司が思いつきで始めたものであって、現場が必要としているものではないことが多いです。

基準と標準を形骸化させないためには、現場の声を吸い上げて、実際の困りごとを洗い出す必要があります。本当の意味での「現場の困りごとを解消する線」を引くことが大切なのです。

「自分の職場がうまくいっていない」と感じているものの、では、「どこに」「どのような」困りごとがあるのかわからない場合もあるでしょう。

そのようなときは、「**5大任務**（安全・品質・生産・原価・人間育成）」（98ページで解説）と「**4M**」の視点から考えてみると整理しやすくなります。

4M：頭文字がMから始まる振り返りの視点のこと。製造現場の課題発見や、問題解決に役立つフレームワーク

- **人**（**M**an）仕事をこなす能力、スキルはあるか。人手は足りているか
- **機械**（**M**achine）機械や設備、パソコンやシステムに不具合や使いづらい点はないか
- **材料**（**M**aterial）原料や仕入れたものに問題はないか。収集した情報は信頼できるか
- **方法**（**M**ethod）今の方法はやりにくくないか。ほかに効率的なやり方はないか

この4つの視点から困りごとを洗い出していくと、「現場が本当に必要としている線」を引くことができます。方法としては、職場のメンバー全員で振り返る方法もありますし、先にマネジャーが困りごとを洗い出し、それを土台にして現場のメンバーが意見を加えていくというやり方もあります。

「5大任務」を徹底しようとするなら、「5大任務を完遂するために必要な線」という視

点で、現場目線の線を見つけて引きます。

② 一度にたくさん線を引かず、1、2本からスタートする

トレーナーの大嶋弘が「一度にたくさんの線を引くと、かえって順守できなくなる」と指摘するように、線は段階的に増やしていくことが大切です。

基準や標準という概念がない職場で、一度にたくさんの線を引いてしまうと、「それらの線を守ること」が目的となり、本来の目的と意味が変わってきてしまいます。

さらには、手続きが増えたり、柔軟な対応ができなくなって、せっかくの取り組みが機能しないおそれがあります。

はじめは、**優先度が高いものに絞り込んで線を引きましょう**。そして、現場の成長に合わせて、少しずつ線の数を増やしていきます。

「1本、2本の線を引いただけでは、改善が進まないのでは?」と疑問を持たれるかもしれません。しかし、4Mも5大任務も、各項目は連動して、関連性があります。1本の線がきちんと機能することによって、ほかの問題解決が進展することもあるのです。

たとえば、「倉庫管理の最適化を図りたい」と考えて、荷《に》卸《おろ》しと検品エリアの動線の基準となる線を引いたとしましょう。
線を引く目的は「動線の明確化」ですが、次のような効果をもたらします。

- **移動距離の縮小、時間短縮につながる**
- **倉庫内の整理、整頓が進む**
- **事故防止に役立つ**
- **入出荷状況、在庫状況が可視化され、過剰在庫や欠品を防ぐ**

動線を改善したことによって、5大任務のうちの生産に加え、原価、安全にも好影響が期待できるのです。

■小さな問題から段階的に解決していく

線を引くときは、「問題すべてを一気に解決できる線を引こう！」と欲張りすぎないことです。

大きな問題や複雑な問題を解決できるような線は、簡単に引けるものではありません。

すぐに解決できそうにない大きな問題は、重要度や緊急度を勘案し、プロセス（工程）を細分化して考えます。

たとえば、「製品の品質を全体的に引き上げる」という方針だったらどうでしょうか。

これは大きすぎる方針です。もし、この方針を実行するとしたら、品質向上に関わるすべての作業に基準、標準を設定しなければなりませんし、それは膨大な数になるでしょう。やることが多すぎて挫折してしまうかもしれません。

製品の品質を高めたいのであれば、まず**現場レベルの線**に落とし込むことです。

〈現場レベルの線の例〉

- 工程Aの手順に○○という方法を取り入れて、この工程で出る傷を0・5％以下にする
- 原材料の投入前検査の項目を見直す

「何を」「どこまで」「どう」やるか。「どこに」「どのような」線を引けばいいか。現場で働くメンバーが直接手を加えて改善できるレベルにまで落とし込むことによって、現実に沿った線が引きやすくなります。

LECTURE
17

POINT

「現地・現物」で確認してから指示を出す

線を引くときは、現場の声を聞くだけではなく、実際に現場に赴き、見て確認することが大切である

■真実は「現場」にしかない

トヨタでは、ものごとの判断は、「現場で実際に起きていること」や「商品・製品そのもの」を見て行うべきと考えます。現場で問題が発生したときは、現場の実情、実態を重視しながら解決策を講じます。

線を引くときも、この原則は変わりません。

会社や組織で問題解決を図るときには、部下や関係者からの報告（報告書）を元にマネジャーが考えるものですが、このときも報告だけを根拠に判断してはいけません。

こうした場合、トヨタでは、管理監督者（マネジャー）が**必ず現場に赴《おもむ》き、自分の目で見て、正確に実態を把握**します。

線を引くときも同じです。管理監督者は、作業者の報告だけを根拠に線を引くのではなく、自ら「現地・現物」で確認したうえで線を引くべきです。

そして、線を引くためには、管理監督者自身が現場の事情をよく知っている必要があります。現場のことをよく知らないのに、「ああしろ、こうしろ」と一方的に要求しては、作業者から「現場のことを知らないくせに！」と反発されてしまいます。

日々の仕事の中でも、往々にして、管理監督者と作業者の認識のズレは起こり得るものです。根本的にこうしたズレは起こりやすいものだと認識して、現地での確認を怠ることのないようにしましょう。

ここで、現地での確認を怠ったことが原因で、出さなくて済んだ不良を出してしまった事例を見ておきましょう。

【線を引くときに起こりやすい認識のズレの例】

①管理監督者に「不良品発生」の報告が届く

部下「加工時にすぐに次工程に取りかからず、品物の温度が下がったことが原因です」

↓

②管理監督者が部下の報告をもとに（現場確認はせず）指示を出す

管理監督者「すぐに次工程に移れるよう、前準備を徹底しなさい」

↓

③品質不良が再発する

部下「すぐに次工程に取りかかったのですが……」

↓

④管理監督者が現場に出向いて作業を確認する

現場でわかったこと：管理監督者のイメージする「すぐに」は、前工程終了後1分以内
作業者のイメージする「すぐに」は、1分以内ではなかった

↓

⑤再発の真因が判明する

「前工程終了後1分以内」という、数値基準の設定が必要だった

この例では、最初の不良発生時に管理監督者が現場に出向き、「どういう状態が『すぐに』なのか」を双方で確認すべきでした。あるいは、ハッキリと数値でわかる基準を決め

て守らせるできでした。それをしておけば、2度目の不良は出なかったはずです。

現場の作業者の報告と、現場で起きていることの食い違いはよくあります。したがって、マネジャーは部下からの報告に頼りきるのではなく、実際に自分の目で現場を見て、「何が起きているのか」「どこに基準の線を引けばいいのか」をつかむことが大切です。

■線を現場にフィットさせる

マネジャーの重要な役目の1つが「線を現場にフィットさせること」です。

もし、現場の実情にフィットしていないと感じたならば、線を見直して、現状に沿ったものへと変更します。

線が実情に合っていなければ、作業者は「やりにくさ」を感じてしまい、結局、線を無視して我流《がりゅう》（自分のやりやすい方法）で作業を進めようとします。そして、「線が守られない→不良の発生」という悪循環に立ち戻ってしまいます。

全員が守れる線でなければ意味がないのです。全員で守ることによって、安全・品質・生産・原価・人材育成、すべての面での再現性が高まります。再現性が高まれば、作業者自身も「線を守る」ことへの納得感が高まり、さらに良い循環が実現できます。

LECTURE
18

POINT

現状把握が正確であるほど、より現場に即した線が引ける

効果的な線を引くために、動画を撮影したり、作業を詳細に書き出すなどして、現状を正確に把握する

■現状をつぶさに分析する

ＯＪＴソリューションズのトレーナーが指導先で線を引くときにも、まず、現場の実態把握から始めます。トレーナーの中上健治は、次のように話します。

「ムダを徹底して排除し、原価低減を実現するためには、『７つのムダ』や『５Ｓ』の視点で現場を観察します。すると、問題を解決する糸口が見つかります」

実態を把握するために、動画を撮影することもあります。撮影した動画を複数人で見て、現場での人の動きを検証し、改善点を見つけ出すのです。

そこまでして実態を把握しなくてはいけないのか、と思われるかもしれませんが、ここが最も重要なステップなのです。

たとえば、紙に鉛筆で線を引こうとするとき、そこがモノのない片づいた机の上なのか、それとも、書類や文具が置かれた乱雑な状態の机の上なのか、あるいは、手に持った手帳の上に紙を置いて、そこで線を引いているのか……。同じ力加減で線を引いても、条件によって、引ける線はさまざまなはずです。

それと同様に、隣の職場で効果を出している線を、自分の職場でそのまま引いても同じ効果はありません。その線は、隣の職場だからこそ機能している線なのです。

効果的な線を引くには、何よりも現状の把握が大切です。そして、動画撮影は、現状を正確に判断するのに有効な手段です。

職場やメンバーの働き方によっては、動画を撮影するのが難しい場合もあるでしょう。その場合は、自分たちの動き（作業工程など）を細かく書き出してみるなどして、現状の把握に努めてください。

トレーナーの中上は、さらに続けます。

「方法は何にせよ、効果的な線を引くには、何よりも現状の把握が大切です。私が飲食店を指導したとき、まず実施したのは、スタッフの動きを把握することです。バックヤードにカメラを設置し、開店前準備から閉店後の片づけまでを動画で撮影しました。

動画を見直すときは、設備の設定数値や作業台の高さなど、人（もしくは会社）がコントロールできる部分と、気温やスタッフの身長など、コントロールできない部分に分けて考えることが大切です。

そして、コントロールできる部分に基準、標準を設定し、ムダをなくしていきます」

■その線は、現場の実情を反映しているか？

トレーナーの中上は、トヨタ時代、塗装業務に従事していました。

「4つある工場の作業員数の平準化」を目的として、作業者の応援《おうえん》受援《じゅえん》（人員が不足している工場に人を派遣すること）が行われていたものの、応援に来た作業者の技能レベルがわからなかったため、応援を要している該当の作業ができるかどうかわからない状態で受け入れていたそうです。

そこで中上たちは、次のような方法で、「現場に即した技能レベルの評価基準」をつくりました。

〈現場に即した技能レベルの評価基準の策定〉

- 塗装工程を6つ（シーラー、吹付け、水研、検査、手直し、持装）に分け、それぞれの工程で必要とされる技能を確認する（作業内容を分ける）
- 塗装のベテラン技能者を集め、作業を洗い出し、必要な要件を決める（作業の現状を把握する）
- さらに細かく「21の基本技能」に分ける（優先順位をつける）
- 21の基本技能について、作業順序や作業方法を定める（標準を決める）
- 出荷規格を決める（製品の品質と、出荷する際の基準を決める）

現場をつぶさに観察し、実情を反映させてこそ、現場で運用しやすい線が引けますから、線を引くときには、原理原則（次ページで解説）や会社方針などを考慮して引くのが基本です。トヨタでは、過去の経験はもとより、さまざまな要件（原理原則）を検討して「最適な線」を割り出すようにしています。

人の身体の動きや適切な作業環境については、過去にも多くの研究事例がありますから、それらを活用して最適な線を考えます。

【線を引くうえで検証している原理原則の一例】

①労働安全衛生

たとえば、限界以上の状況下で作業をしていると、不安全行動（本人または関係者の安全を阻害する可能性のある行動）を起こしてしまいやすくなります。

ムリのある標準を続けていると、人は横着をして標準を守らなくなります。不安全行動を起こさないためには、人の限界を知ることです。作業をするうえでの適切な範囲を理解していれば、作業上の無理を減らすことができます。

〈不安全行動を起こさないためのポイント例〉

- 20kg以上のモノを持つ作業は身体的負担を引き起こすため、常に20kg以下の力で運べるよう、台車やテコの原理を利用する
- 人の視界でよく見える範囲は60度と言われているため、目にしてほしいモノは正面の60度以内に収まるような位置に配置する

- 「足元注意！」の注意喚起は、足元に貼ってあると、足元を見るまで気づけない。そのため、目につきやすい場所に上からぶら下げる

②動作経済の原則

動作経済の原則とは、人が動く際に、無理なく、効率的に動くための経済的な原則のことです。

- **身体部位の使用についての原則**

たとえば、片手で何度も材料を取るのではなく、もう一方の手も同時に対照的に使って材料を取る、または対象方向へ両手を同時に伸ばして材料を取るような動作です。

左右アンバランスに力を使うと、不必要な負荷がかかることになり、疲労が溜まりやすくなります。また、両手を同時に使うことで動作改善につながります。

- **配置および設備についての原則**

歩いて取りに行っていたものを、重力を利用してこちらに流れてくるようなローラーをつける（歩行しなくて済む）、作業台の高さを見直す（作業しやすくなる）などして、疲れを低減したり、身体に負担をかけないようにしたりすることです。

- **道具や器具の設計についての原則**

たとえば、左手で支え、右手でネジを締めていたものを、製品を支える治具（台）を使

うことで、両手を使ってネジを締められるようにします。片手で支えている場合は、両手同時の作業とはならないため、ネジを締める体制が不安定になります。その分、ムダな時間がかかることが多くなります。

原理原則を一度にすべて把握して最適な改善をすることは難しいですが、こういった知識を活用することで線は引きやすくなります。

今回はトヨタの生産現場のケースを紹介しましたが、オフィス系の仕事でも、「人の視線の動きに合わせた表示位置の変更」や「定時内で業務を終えられるようにする発注タイミングの変更」など、状態を明らかにすることで「改善の線」を引くことが可能になるはずです。

徹底的な現状把握をしたうえで、全員が無理なく進んで守れるような**現場に即した線**を引くことが大切です。

■上司の指示より、現場の意見が優先される

上長の考えと現場の考えが食い違った場合、「現場側の理屈が正しければ、現場の考えを採用するのがトヨタである」と、トヨタで管理監督者として培った経験を活かし、トレーナーとして支援先企業の人材育成に真摯に打ち込んできた井上陸彦は言います。

「私が工長だったときのことです。私の上司である課長から、『この方法でその仕事をやりなさい』と指示があったものの、現場としては、『いえ、それじゃない方法のほうがやりすいです』と意見が衝突したことがありました。

結果として、現場のやり方のほうが成功率は高く、成果が高いことが実証されたのですが、『固いものを直接持つため、指先に悪影響を及ぼすのではないか』という懸念が浮き彫りになりました。

そこで、『どのように部品を持ち、どのように作業をすれば手に負担がかからないか』を検証し、標準をつくり、『誰がやっても同じようにできる』ことをデータで証明しました。品質と生産性の両面で、『現場が考えたやり方のほうが成果を出せる』ことを示すことができたのです」

予想される成果を科学的に数値で示すことができれば、現場は、自分たちの意見を通すことができます。また、自分たちの意見が通ればやる気になり、**やる気を持って仕事ができれば、どんどん改善も進む**という好循環が起こるのです。

LECTURE 19

POINT

「時間」に線を引いて、付加価値を最大化する

作業の中にある付加価値を生み出す時間を最大化するために、作業を分解して整理する

■「この作業は何のためにしているのか」を考える

トヨタ時代は溶接加工業務に携わり、管理監督者として長らく部下の育成にも腐心してきたトレーナーの高木新治は、「仕事も人も時間軸に沿って動いています。だからこそ時間の使い方にも、基準と標準が必要です」と、時間に線を引く重要性を強調しています。

「時間に線を引く」とは、時間の使い方を個人の裁量に任せず、作業時間に基準、標準を設けて時間のムダを減らし、**人が生み出す付加価値の生産性を高める**ことです。

少ない時間でより多くの付加価値を生み出すために、トヨタではリードタイムとタクト

タイムを設定しています。

リードタイム：工程や作業の始めから終わりまでにかかる所要時間のこと

タクトタイム：1つの製品を製造するためにかかる時間のこと（納期と1日当たりの必要量から割り出す）

リードタイムやタクトタイムが決まっていれば、その時間を守られているか否かで「正常か、異常か」がわかります。

時間が守られている　＝正常

時間が守られていない＝異常

時間のムダを減らし、付加価値生産性を高めるポイントは、次の4つです。

【付加価値生産性を高める4つのポイント】

ポイント1　正味作業の割合を最大化する

ポイント2　「最も早く仕事ができる人」の時間を標準にする
ポイント3　バッファは可能な限り短くする
ポイント4　「やりじまい」を意識する

それぞれのポイントを見ていきましょう。

ポイント1　正味作業の割合を最大化する

トヨタでは、作業改善を行うときに、各作業を**❶正味作業（主作業）**、**❷付随《ふずい》作業**、**❸ムダ**の3つに分解して考える習慣があります。

❶正味作業（主作業）
付加価値を生み出す作業のこと。
材料や製品の加工、部品の組み立て。企画書作成作業、商談など。

❷付随作業
直接には付加価値を生み出さないが、正味作業を行うために必要不可欠な作業のこと。

正味作業の割合を最大化するために作業時間を3つに分解する

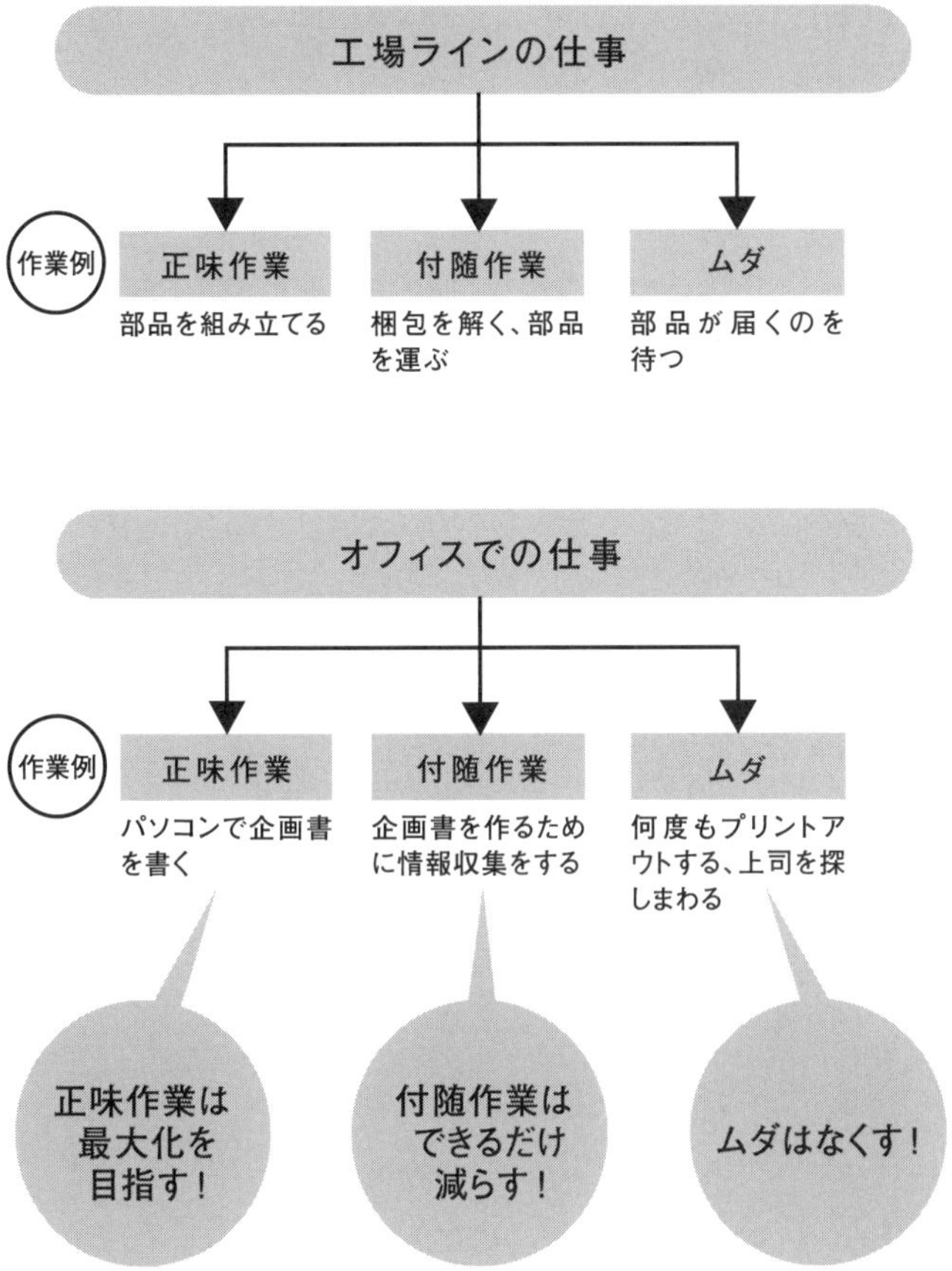

部品の梱包作業、運搬、情報収集、ネット検索、アポイント、メールのチェック、書類の作成、移動時間、会議の時間など。現状で必要不可欠であっても、うまく工夫をすれば、ムダとして取り除ける可能性がある。

❸ムダ

付加価値を生まず、原価を押し上げる作業のこと。

トヨタにおけるムダとは、「付加価値を高めない現象や結果」のこと。部品が届くのを待つ手待ちの時間や、何度も部品や工具を取りに行く時間、モノを探す時間など。

作業は、「この作業は何のためにしているのか？」という観点から考えて、3つに分解します。そして、いかにムダをなくし、いかに付随作業を短くするかを考えます。つまり、**「付加価値を生み出す時間」を最大化すること**を目的に、時間の使い方のルールを設けます。

OJTソリューションズの専務取締役である森戸正和は、「付随作業を短縮し、正味作業を増やすこと」の重要性を次のように述べています。

「トヨタ生産方式は、『売れるスピードに合わせて製品がラインを流れ、加工され、形を変えていく』方式です。一方、移動、運搬、梱包、段取り替え（使用する機器を交換したり設定変更すること）、品質チェックといった作業は、時間をかけたとしても、モノの形が変わることはありません。形を変えない作業は、付加価値のつかない作業といえます。

工程分析（材料が製品になるまでの工程を分析すること）では、生産工程を、①加工、②運搬、③停滞、④検査の4つに分類します（**モノの4態**）。

『①加工』は原料や製品の性質に変化を与えている工程です。『②運搬』は運ぶ作業などで、事務系作業（転記作業など）も運搬に当たることが多いです。『③停滞』は、ただ置いてあるだけで、『④検査』は、確認やチェックをする作業です。つまり、『①加工』以外の工程は、付加価値のつかない付随作業ということです。

私がトヨタ時代に、上司に同行して溶接の工程に赴いたときのことです。

突然、上司が『今から1分間、目をつぶれ』と言ったので、不思議に思いながらも目を閉じました。そして目を開けると、『目をつぶっている間に、溶接の『バチっ』という音が何回した?』と質問されました。

『すみません、数えていません』と謝って、もう一度目をつぶって数えてみると……、『バチっ』の数は1分間に10回で、1回の『バチっ』の長さは、感覚的に『0・1秒』ほどでした。

つまり、実際に溶接加工をしている時間は1分間に1秒だけで、残りの59秒は付加価値を生まない付随作業ということです。

トヨタといえども、まだまだこの付随作業を可能な限り短縮し、加工の時間（正味作業）を増やすためのしくみ化、標準化が必要であることに気づきました」

ポイント2 「最も早く仕事ができる人」の時間を標準にする

人によって知識量、経験値、スキルには違いがあるため、時間の使い方を個人の裁量に任せてしまうと、作業時間にバラツキが生じます。

こうした作業時間の個人差は、仕事の段取りに大きな影響を及ぼすため、「この仕事はこの方法で行い、この時間で終わらせる」という標準時間を決めることが大切です。

トヨタにおける「標準」とは、前述したように「現時点で最も良いとされるやり方や条件」のことです。

したがって、**「いちばん早く、いちばん上手にできる時間」**が標準時間になります。

標準時間は平均時間とは違います。

ある作業を（同じ品質で）終わらせるのに、Aさんは1時間、Bさんが3時間かかった場合、標準時間は「1時間」です。

最も早くできる方法を全員に共有することで、全員が「1時間」で作業を終わらせることができます。

それぞれが独自の作業を担当している場合など、仕事内容に個人差がある場合は、相対的な標準時間が設定できないので、自分の作業時間を見直して標準時間を設定します。

具体的には、1日の仕事の流れや1つの業務の流れを書き出し、それぞれにかかった時間を記録します。定型業務が多い職場であれば1分単位、非定型業務が多い職場であれば10分単位で作業時間を可視化します。

【作業時間を可視化するための記録例】

メールの確認と返信：60分
定例会議：90分
情報収集：45分
電話対応：15分
書類作成：120分

この作業の目的は、自分の仕事の作業時間を把握することです。作業時間を書き出すことで時間のムダに気づき、「この仕事にこんなに時間がかかっていたのか」「この作業はもっと早くできるかもしれない」などと、改善のヒントをつかむことができます。

トレーナーたちは、よく、こんなことを言っています。

「何が問題だったのかを捉えることができる人は強い」

たとえ「改善する方法」がわからなくても、時間をかけてじっくり考えたり、誰かに助言を求めて解決策を得ることは可能です。

しかし、「問題が存在すること」に気づけなければ、手の打ちようがなく、そのまま問題は放置されたままです。まず、**問題に気づけたことが素晴らしい**ということです。

作業を細かく書き出し、見直すことは、正直、面倒な作業です。時間もかかり、容易ではありません。しかし、非常に有効な方法であることは間違いありません。

ＯＪＴソリューションズのトレーナーが、事務系の職場で改善の指導をする際は、次のような順序で時間の可視化を経て、線を引くことを提案しています。

【事務系職場での標準時間を導く手順の例】

ステップ1
「どの作業にどのくらいの時間をかけているのか」を約1週間記録し、実態を把握する

ステップ2
「どこに、どのような時間のムダがあるのか」「どうすれば、さらに時間を短縮できるのか」を判断する

ステップ3
「何分でこの作業を行う」と線を引き直す（暫定でよい）

ステップ4
暫定で決めた時間が適正かどうかをチェックする

ポイント3　バッファは可能な限り短くする

バッファとは、時間的なゆとりのことです。
バッファを確保していれば、割り込み仕事や設備・機械の故障、担当者の体調不良、取

引先の仕様変更など、計画を立てたときには予測できなかった事態にも対応できます。

バッファが少ないと、「常に締め切りに追われる」「不測の事態に対処できない」といった状態に陥るため、一般的には、「バッファの確保は必要」と考えられています。

ですが、**「バッファの時間はムダな時間になりかねないので、最小限にすべきである」と考えるトレーナーが少なくありません。**

前出の森戸正和は、かつて、トヨタ生産方式の権威と呼ばれる人物から、「予測は当たらない」と教えられたことがあるそうです。

「その方から『100％当たる馬券の買い方を知っているか？』と聞かれたので、自分は『100％とは言い切れないですが、競馬新聞を一所懸命読んで、レース当日はパドックで馬と騎手の状態を確認すれば、当たる確率は上がるのでは？』と答えました。

すると彼は、『いやいや、確率を上げるのではなく、100％当てる方法を聞いているんだよ』と言うのです。

私が口ごもってしまうと、彼はニコニコしながら言いました。

『わからんか？　100％当てる方法は、馬がゴールする直前で馬券を購入することだ』

現実的には、ゴール直前で馬券を買うことはできません。その方が伝えたかったのは、

『時間をかけて検証しても、予想や予測の多くは当たらない』
『スタートとゴールを近くする（リードタイムを短くする）ほど、100%に近づく』
という原則です」

バッファを確保するほど、スタートからゴールまでの時間（リードタイム）は長くなりがちです。リードタイムが長くなれば、余裕を持って作業を進めることが可能ですが、それだけ、弊害も生じやすくなります。

【リードタイムが長くなったときのデメリット】

- 最新の情報を取り込んだ品質の向上ができない
- 「時間があるから、もう一度見直そう」と手直しを繰り返してしまい、かえって仕事量が増える（手直し＝付加価値が高くなるように感じるが、手直しは付加価値ではない）
- 時間が経つほど、市場ニーズとの乖離《かいり》が生じやすい
- 過剰在庫を抱えやすい
- 手持ちぶさたになり、余計なことに手を出す（品質を落としたり、作業者のケガのリスクが高くなったりする）

「市場で売れるスピードでつくる」のがトヨタの基本です。

バッファを持たせるときは、過去の経験やデータを参考にして、必要最低限にすることが大切です。

「いかに締め切りに近いタイミングで着手するか」を考え、リードタイムを短くする（バッファを短くする）工夫をしましょう。

ポイント4 「やりじまい」を意識する

トヨタには、「やりじまい」の習慣があります。

やりじまいとは、真の納期を理解したうえで、「期限を決めて仕事を完了させること」を示す表現です。

チームで仕事をする場合は、「仕事にかける時間」と「求める内容（仕事のレベル）」に線を引く必要があります。

「何を、いつまでに完了させるか」という期限のゴールと、「どのレベルまで質を上げるか」という内容面でのゴール、この2つのゴールを共有してハッキリしておかないと、さまざまな問題が生じるリスクがあります。

【リスクの例】

- 仕事の進捗具合がわからない
- 前工程と後工程の引き継ぎに手間取る
- 締め切りギリギリの納品になる
- スピードを重視しすぎて、低レベルの品質のアウトプットになる
- レベルの高さを求めすぎて、余計な仕事をして残業になる

「やりじまい」を共有するときのポイントとして、「できるだけ早く」とか「できるところまでやればいい」などの曖昧な表現は避けることです。

たとえば、「8月3日の午前10時までに、全8工程の3つ目の工程まで終わらせる」といったように、「いつまでに」「何を」「どのレベルで完了させるか」を、**日時や数値を使って具体的に示すこと**が大切です。

LECTURE
20

POINT

工程ごとに細かく時間の線を引く

スタートからゴールまでの時間を設定するだけでなく、ポイントごとの標準時間も設定するとうまくいく

■「納期が守れたら合格」では、仕事の質が低下する

トヨタの考え方で重要なのは、「各工程で時間に線を引く」ことです。スタートからゴールまでの所要時間だけでなく、工程ごとの標準時間を設定します。

たとえば、次のような場合はどうなるでしょうか。

- 1時間で製品Aをつくる
- 製品Aをつくるために必要な工程は、A工程、B工程、C工程、D工程、E工程の全5工程ある

この場合は全5工程あるので、たとえば次のように工程ごとに線を引いて、計画的に作業を進めていきます。

【工程ごとの線引きの例】

・A工程…10分
・B工程…5分
・C工程…20分
・D工程…15分
・E工程…10分

工程ごとのマネジメント（プロセス管理）は重要です。

工程ごとにリスクを洗い出したり、対応策を考えておけば、何かあったときも、迅速にきめ細かく対応することが可能です。そして、納期に間に合わなかったり、スピード重視で品質のレベルを落とすような可能性も少なくなります。

トヨタ在籍時は、おもに金型の設計、製作に従事していたトレーナーの阿《あ》世《ぜ》知《ち》寛《ひろし》も、こう言っています。

「『最後に帳尻を合わせればいい』という考えは危険です。工程ごとに分解し、細かく標準時間を決めることが重要です。

私の現場でも、加工に使用する刃物ごとに時間を計測し、トータル時間をシミュレーションするようにしくみを変更しました。工程計画を細かく立て、結果（実際にかかった時間）との差を異常と認識し、差の原因を分析し改善を繰り返してきたことによって、現場にさまざまな変化がありました。

- 工程計画と結果時間の誤差が減少
- 納期の短縮が可能になる（リードタイムが短くなる）
- トラブルが発生した際、原因箇所がすみやかに特定できる
- 異常の傾向を把握できるようになったため、改善が進む
- 作業者の「異常」に対する感度が上がる

生産現場に限らず、オフィスワークにおいても、スタートからゴールまでに生じる作業と、それぞれの作業にどれくらいの時間がかかっているのかを書き出してから計画を立てるべきです。そして、作業がスタートしたら、計画通りに進んでいるのか、いないのかをチェックしながらゴールを目指します。可能な限り作業を細分化して、それぞれの時間を割り出すことで、納期の時間短縮と品質向上が両立します」

工程ごとに分解して時間を管理する

●「帳尻が合えばいい」という考え方

●工程ごとに時間に線を引く

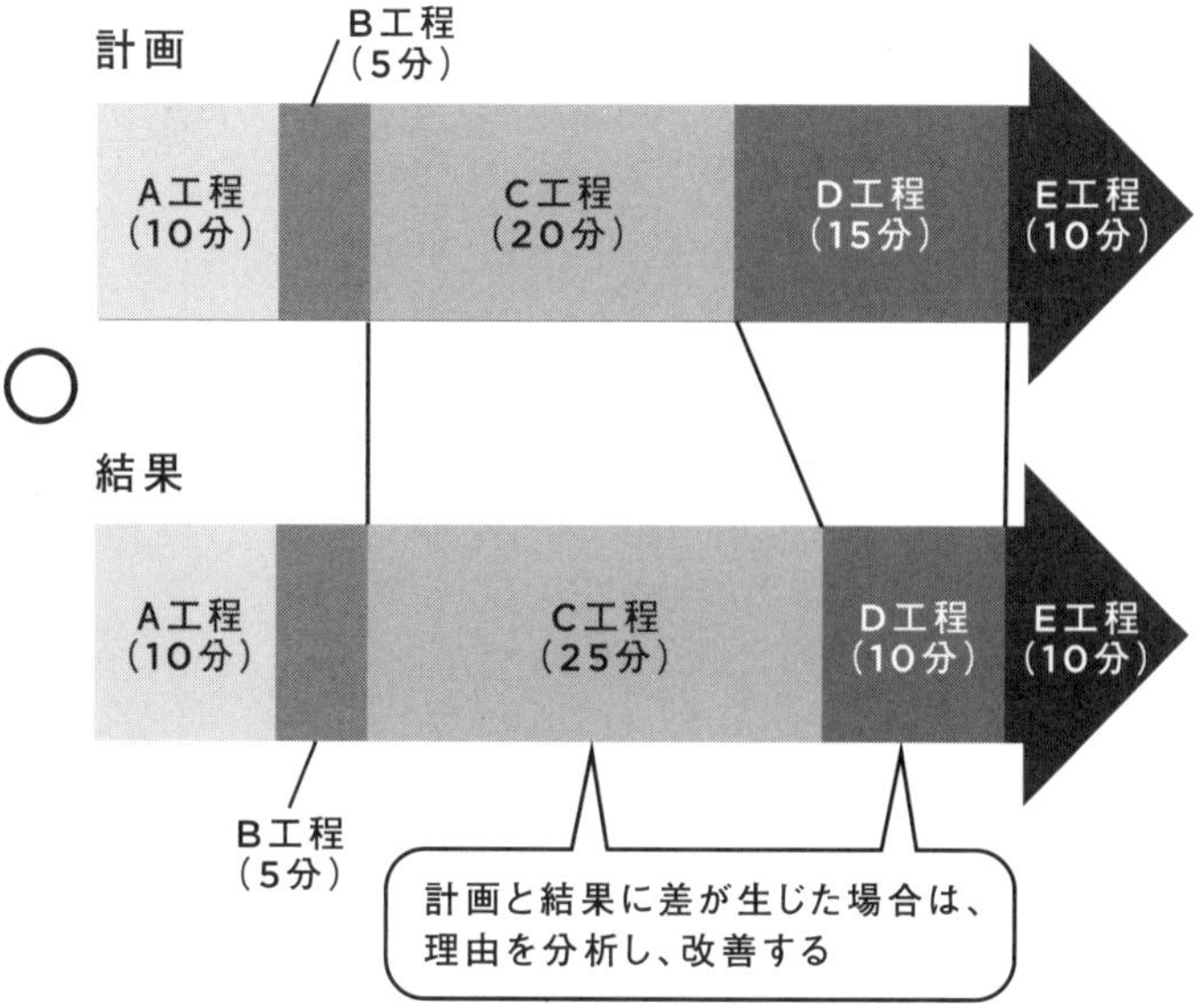

LECTURE
21

POINT

整理整頓の基準は「使用頻度」

選別して捨てるための基準をつくっておけばためらいなく整理・整頓を進められる

■「いつか使うもの」は期間を区切って管理する

5Sを徹底し、整理整頓が行き届いている環境をつくるには、「必要なものと、不要なもの（捨てるもの）」を選別するための判断基準が必要です。

「いる・いらない」の基準が定まっていなければ、「いつか使うかもしれない」とか「自分には不要だけど、あの人には必要かもしれない」と考え、手放すことができません。

しかし、**捨てるための判断基準があれば、「いらないもの」をためらうことなく捨てることができます。**

「いる、いらない」の判断基準の1つが「時間」です。トヨタでは使用頻度に応じて、次の3つに分けています。

①今、使うもの

「①今、使うもの」は、現在進行形で使っているものです。

パソコン、明日発表するプレゼン資料、進行中のプロジェクト資料、製品の原材料など、「それがないと、作業中の仕事が止まる」ものです。①は整頓して保管します。

②いつか使うもの

「②いつか使うもの」は、「いつまでに使うか」「いつまで保管するか」の期間を決めます。仮に期間を「1カ月間」と決めた場合、1カ月たっても使わなかったら、「③いつまでたっても使わないもの」へと格下げします。

期間は、モノや仕事の種類によって変わりますが、「保管期間をできるだけ短く設定」します。そのほうが格段に整理できます。

③いつまでたっても使わないもの

「③いつまでたっても使わないもの」や「使い終えて、二度と使わないもの」、「壊れて使えなくなったもの」は、ためらわずに即刻処分します。

■よく使うものは近くに、あまり使わないものは遠くに置く

整理をすると、「必要なもの」だけが手元に残ります。整理のあとに取りかかる作業が、整頓です。整頓とは、必要なものを、必要なときに、必要なだけ使えるようにすることです。置き場所の基準（どこに、何を、どれだけ置くか）を設けるときのポイントは、次の3つです。

①使用頻度の高いものを近くに置く（低いものを遠くに置く）

「必要なもの」がたくさんある場合は、「使用頻度」を基準にして置き場所を考えます。

(1)毎日使う：よく使うものは、デスクの引き出しや近くの棚に置く
(2)1週間に1度、1カ月に1度使う：少し離れた棚に置く
(3)半年に1度、1年に1度使う：別室の資料室や備品倉庫に置く

「必要だが、使用頻度は低いもの」は個人所有せず、シェアします。共同スペースで保管し、使う人がその都度借りるようにします。

備品倉庫のように、多品種が保管されている場所には、マップ図で全体像を表示すると探す手間が省けます。

②身体の動きや姿勢を考慮する

「しゃがむ」「振り向く」「腰を曲げる」といった動作は、作業者の身体に負担をかけます。このような姿勢をとらなくても、必要なものがすぐに取り出せる場所に置きます。

棚などに部品や備品を置くときは、膝から目の高さの範囲に置くのが基本です。

③付随作業を短縮できる場所に置く

付随作業は、運搬や移動など、付加価値は生まないけれど、正味作業（主作業）を行うためにやむを得ず発生する作業のことです。付随作業をできるだけ少なくし、正味作業の割合を増やせるようにモノを配置します。

LECTURE
22

POINT

良品条件と判断基準を決めて、「自工程の品質」を高める

後工程に満足してもらえるような基準を設けることで自工程の品質が高まり、最終品の品質も保証される

■ 前《まえ》工程は神様、後《あと》工程はお客様

トヨタには、「**前工程は神様、後工程はお客様**」という言葉があります。

生産現場に限らず、仕事にはさまざまな工程(プロセス)があり、全工程を1人で完遂するのは不可能です。複数の人員が役割を分担しながら、仕事を進めます。

どんな仕事にも、自分の仕事を準備してくれる前工程と、自分のやった仕事を引き継いでくれる後工程があります。

前工程の担当者は、「自分たちにできないことをやってくれた神様」であり、「自分たち

が作業に取りかかれるように準備をしてくれた神様」です。

そして、後工程の担当者は、「自分たちの仕事を引き継いでくれるお客様のような存在」です。

不良品を次の工程に流してしまえば、後工程でトラブルが発生し、ラインが止まってしまいます。そうならないように、**後工程の期待に応えるアウトプット（成果物）を引き渡すこと**が大切です。

後工程に不良品を流さないために、トヨタでは、「自工程完結」という考え方が浸透しています。その特徴は2つあります。

- **品質は各工程でつくり込む**
- **自らの工程を完璧に遂行し、次の工程に不良品を流さない**

自工程完結：トヨタ生産方式の2本柱の一つである「自働化」において、品質に主眼を置いた考え方。製品の良し悪しを各工程で判断し、良品だけを後工程に流すようにすれば、最終品の品質も保証される

「最終検査で不具合品を洗い出す」のではなく、すべての工程で品質を保証する（不具合が発生したら、その都度、ラインを停止させる）のが自工程完結です。

トヨタでは、後工程のお客様に迷惑がかからないように、自分の仕事が完了した時点で品質を評価し、悪かったらそこで仕事を止めて処置することを徹底しています。

各工程で品質を高めて後工程へ引き渡せると、不良・手直しのムダがなくなります。

■「良品条件」と「判断基準」を決める

自工程完結を実現するには、**「良品条件」**と**「判断基準」**の2つの線が必要です。

良品条件とは、材料、手順、ツール、情報、能力など、正しい結果（期待通りの品質）を導き出すために必要な条件のことです。

たとえば、作業報告書を作成するのであれば、良品条件として、次のルールが考えられます。

- 規定のテンプレートを使用し、2枚以内にまとめる
- 業務内容の報告は、5W1H（いつ、どこで、誰が、何を、どのくらい、どのようにし

て）を意識し、時系列で書く
- 曖昧さを排除するため、数字や固有名詞を用いて具体的に書く
- 事実と所感（自分の感想や気づき）は分けて記入する。所感は最後に書く
- 作業終了後、◯日以内に提出する

判断基準とは、「次の工程」が求める品質基準です。

この基準がなければ、自分の工程の品質が完璧であるか判断できません。品質レベルは自工程が決めるのではなく、後工程が決めるものです。自分たちがいいと思ったものをつくるのではなく、後工程が求めているものをつくるのが基本です。

判断基準は、「後工程が何を求めているのか」、その目的によって決まります。トヨタが「良品条件を決めるのはお客様（後工程）」と考えているのは、「後工程の満足度を高める」ことが自工程の責務だからです。


たとえば、子どもから「次のクリスマスには、手づくりのいちごショートケーキが食べたいから、つくってほしい」と頼まれたとします。

このときの判断基準は、「子どもの要望に沿っているか、否か」です。

仮に「自分でつくるよりもおいしいから」という理由で「高級店からチョコレートケーキを取り寄せた場合は、「不良品」と判断されます。どれほど味が良くても子どもの要求を満たしていないからです。

そして、「手づくりのケーキ」をつくるためのレシピ（材料と手順）が良品条件です。

良品条件：手づくりのいちごショートケーキケーキをつくるためのレシピ。材料、必要量、温度、材料を混ぜる順番や焼く時間がすべて条件となる

判断基準：見た目、味、サイズなど、子どもの希望に沿ったケーキになっているかどうか。子どもが喜ぶケーキであるかどうかで判断される

良品条件と判断基準の関係性は、「判断基準に達するものをつくるために、必要な良品条件を決める」という関係性です。

お客様（後工程）の要望が変化すれば、その変化に合わせて判断基準を変える必要があります。そして、判断基準が変われば、当然、良品条件も変わります。

たとえば、子どもが「手づくりケーキ」に飽きて、「高級チョコレートを使った焼き菓子が食べたい」と言えば、良品条件と判断基準が変わるわけです。

「良品条件」と「判断基準」をもとに各工程で品質を保証する

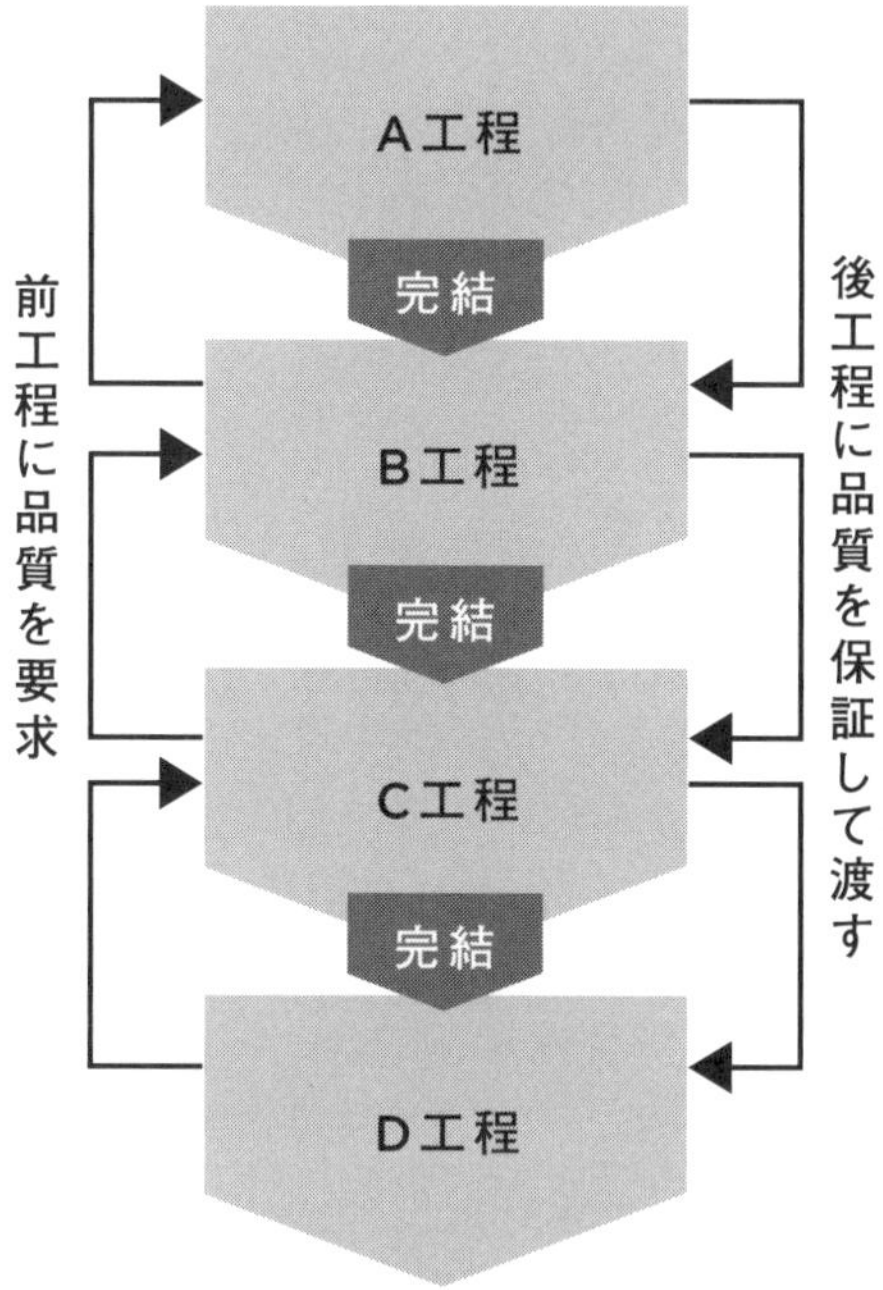

各工程で品質が担保される
＝最終（製）品の品質も
担保される

■「アウトプットのイメージ」は、自工程と後工程で共有しておく

トヨタで約40年間、設備保全に従事したトレーナーの瀧和弘は、「お客様の声が、自職場の基準、標準のベースになる」と話しています。

「設備保全は、工場で稼働している生産設備の点検や整備、また故障した設備の修理を行う仕事です。設備保全のお客様（＝後工程）は、製造現場です。自分たちの工程の目的は、『設備を安全・安定的に稼働できるように維持すること』です。

この目的を果たすためには、後工程である製造現場の求めに応じ、自分たちの工程（設備保全）の基準、標準を決めていくことが重要です」

後工程に満足してもらうためには、**自工程が「後工程が何を求めているか」を正確に認識すること**が大切です。

そして、その求められている成果物のイメージは、自工程と後工程の双方できちんと共有し、乖離《かいり》がないようにします。

LECTURE
23

POINT

作業要領書は再現性を高める道具である

誰もが同じ結果を得られるようにするための標準は、常に改善できるかを考え、更新、進化させていくもの

■現場のカンコツを再現して、誰にでも使えるようにする

安定的な結果を出すために必要なのは、継続性と再現性です。

誰が、いつやっても、何度やっても、同じ結果が出る（＝同じ時間で、同じ品質の成果物ができ上がる）ことが大切です。

もしも、別の誰かが作業を実施したときに、同じ結果が得られないとしたら、標準が決められていないことが原因です。

標準は、各作業のやり方や条件の取り決めです。

作業者は「標準に従って動く」のが原則です。

トヨタでは作業が属人的にならないように、「標準書」を作成しています。標準書は多岐にわたり、作業要領書や作業指導書、品質チェック要領書、刃具取り替え作業要領書などがあります。

標準書には、「現場で得られた長年の知見をもとに、その通りにやれば誰がやってもうまくいく手順」がまとめられています。

標準を守れば、誰が作業をしても同じ成果が得られるため、バラツキはなくなり、仕事の質も高くなります。

標準書：このやり方でやれば、「誰でも同じ時間、同じ質で作業が完了する」、「誰でもムダなく仕事ができる」というやり方をまとめた指示書

■作業要領書とマニュアルの大きな違い

作業要領書は、各作業に関して、「どのように行うか」の手順を記したものです。

作業要領書：品質、安全、作業性などを考慮して、機械、設備、工具類などの正しい操作方法や作業手順を決めたもの。誰が行っても同じ作業ができるようにするための指導・教育の道具

作業要領書は、現場の「5大任務」を果たすためにも必要です。

【5大任務】
- **安全**：ムリをなくし、不安全な行動をなくす
- **品質**：ムラをなくし、規格に沿った製品をつくる
- **生産**：ムダをなくし、短い時間でつくる
- **原価**：ムリ、ムラ、ムダをなくし、必要最小限のコストに抑える
- **人材育成**：新人作業者を早く育成する（技能を早く習得させる）

たとえば、「安全に作業しているせいで、とんでもなく時間がかかる」とか、「スピード重視で生産したせいで品質が低い」という状態では、5大任務は果たせません。作業の手順やツールの操作方法などを体系的にまとめたものを一般的に「マニュアル」や「取扱説

明書」と呼びますが、トヨタで用いられている作業要領書は、それらとは異なります。

【作業要領書の特徴】

作業要領書は、常に更新、進化していくものです。作成後も、もっと良い方法があれば、改善して書き換えていきます。ポイントは、**①手順、②急所、③急所の理由の3点を明記**することです。

①手順：仕事を終えるまでの順序

②急所：仕事の成否を左右するポイント。生産現場の「カンコツ」（仕事の勘どころやコツのことを、トヨタでは〝カンコツ〟と呼びます）

③急所の理由：なぜそうするのかを示す根拠や背景

〈記入例〉

作業「ホースを押し込んで、部品に組みつける」

急所「回しながら、端から5ミリのところまでホースを押し込む」

急所の理由「5ミリまで押し込まないとガスが漏れてしまうから」

もしも、「ホースを押し込む」という文言だけ記載されているなら、ホースをどこまで押し込むかは、各人任せです。作業者個人の感覚で固定することになり、ガス漏れを起こすような製品が出てくるかもしれません。

トレーナーの瀧和弘は、「トヨタにとって作業要領書は、ものづくりの教科書である」と言います。

「『作業要領書がないまま仕事をする』というのは、教科書がないまま難易度の高い数学の問題を解けと言われるようなものです。教科書があったとしても、誰が読んでも正確に理解できるように書かれていなければ、役に立ちません。

たとえば、数学の数式で途中の計算式が抜けていたら、読み手は答えにたどり着けません。作業要領書も同じで、読み手が理解できるようにつくる必要があります。作業要領書がわかりやすければわかりやすいほど、作業者の理解も習得も早くなります」

教科書には、難しい内容であるほど、図や写真を多用しています。それと同じで、文字で説明してもわかりにくい作業も、図や写真を使えば一発で伝わります。作業のポイントとなる動作の説明には、写真や図を使うことを考えてみましょう。

LECTURE

24

POINT

作業要領書は誰がつくるのがベストか

作業要領書は、今ある知恵やカンコツの集大成にあらず改善の道具として、未来への意識も変えられる

■作業要領書をつくる6つのステップ

作業要領書は上から支給されるものではなく、現場の作業をよく知るリーダーが手順に沿って作成します。リーダーがつくるべき理由は、次の5つです。

【作業要領書をリーダーがつくるべき理由】

理由1 現場経験や知恵を生かした、わかりやすい内容で作成できる

理由2 リーダー自身による指導教育がしやすく、カンコツが伝わりやすい

理由3　現場主体での改善意識が醸成され、改善の道具として活用できる
理由4　必要なときに遅滞なく改訂できる
理由5　作業要領書の作成そのものが、技能伝承の一部になる

モレなく、誰もが理解できる作業要領書は、次のステップに従って作成します。

【作業要領書をつくる6つのステップ】

ステップ1　作業を分解する
作業を進めるためのおもな動作を抜き出します。

ステップ2　手順を決める
ものの形が正しく変わっていくように、あるいは、正しく仕事が進むように作業の順序を考えます。

ステップ3　急所を明記する
カンコツ（勘どころとコツ）をできるだけわかりやすく、簡潔に表現します。

ステップ4　急所の理由を明記する

その急所を守らなければいけない理由はなぜか、納得できる理由を書きます。

ステップ5　必要に応じて重要事項を図示する

写真やイラストを使うと、誰でもすぐに理解できます。また、文字だけの説明と比べて、勘違いを防げます。

生産現場では、作業をより早く習得できるようにするため、「大事な部分を太字にする」「色を変えて目立たせる」「作業の一部始終を動画に記録する」など、見た目の工夫を施します。

ステップ6　見直し・改定のルールを決める

標準は普遍のものではありません。作業が改善されれば、作業要領書も改訂します。また、記載不足があったときには必ず追記して、作業要領書の精度を上げます。

作業要領書に要点を拾い出す

「どうなったらOK」「どうやると安全」
「どうやるとやりやすいというカンコツ」
（カンコツ：勘どころとコツ）

作業要領書

No.	作業手順	急所	急所の理由	図解
1	材料Aを左手で持つ	材料Aの「◎印」を上にして	部品Bの差し込みを確認できるから	◎印を上にする 
2	部品Bを挿し込む	カチッと音がするまで	ツメが正しくはまったか確認するために	ツメがはまると色が変わる 

右から左に読んだときに文として成立するようにする

CHAPTER 03

まとめ

■時間をかけて正確な線を引くより、「暫定」でいいので早く線を引く。線は運用しながら修正すればいい。

■作業時間を①正味作業（主作業）、②付随作業、③ムダの3つに分解し、「付加価値を生み出す正味作業」を最大化する。

■次の工程に不良品を流さないための良品条件と判断基準を徹底的に洗い出す。

■作業要領書は、現場作業の継続性と再現性を高めるための手段として作成する。

CHAPTER

04

「線」の定着

「定着」させなければ、線を引いた意味はない

基準も標準も方針も、つくるだけでは効果を発揮しません。大切なのは、線を全員で共有し、全員で運用することです。「なぜ線が必要なのか」「どうやって線を守るのか」を部下に指導するのは、マネジャーやリーダーの重要な役割です。

LECTURE 25

POINT

「変化したくない人」をどのように変えていくか

線を引く（基準をつくる）と、抵抗する人が必ず出てくる
4つのポイントを活用して、線のメリットを理解させよう

■線は「運用」してこそ意味がある

基準と標準を定めるのは、「会社を変えるため」です。

社内に線を引くということは、社内に今までとは違うやり方が出現することで、社内に「今までとは違う基準が設定される」ということです。

基準の線も、標準の線も、**引いただけでは、ただの線**です。

大切なのは、線を運用することです。

基準、標準として線を守らなければ、社内の問題は解決しません。

会社の経営者が、外部のトレーナーと検討を重ね、「会社を変えるために、こういう基準と、こういう標準をつくろう!」と決断しても、現場からは「今までもこういうふうにやってきたのだから、今さら変える必要はない」と抵抗の声が上がることもあります。


もちろん、この変化は、会社をより良くすることを目的に決断したことです。

ですが、人には本来、未知のものや変化を受け入れずに現状維持を望んだり、現状の安定性を乱すことを拒絶したりする心理的傾向があります。そのため、「変わること」に拒否感がドッと噴出する場合もあるのです。


「会社が決めたこと」を徹底するのは、マネジャーの仕事です。

部下が標準を守らないとしたら、それは部下の怠慢ではなく、上司の怠慢です。

では、どうすれば職場のメンバーは変化(=新しい線)を受け入れ、線を運用してくれるようになるのでしょうか。

社内(部下などのメンバー)の抵抗をなくすポイントが4つあります。順番に見ていきましょう。

ポイント1　線を定着させるには、「Ｗｈｙ（なぜやるか）」が重要

行動を起こすときには、「Ｈｏｗ（どうやるか）」に意識が向いてしまいがちですが、ここでは、「Ｗｈｙ（なぜやるか）」に着目します。

「どうしてこの線を引いたのか？」

「何の目的でこの線を引いたのか？」

まずこれらを明らかにして、仕事の目的や背景をきちんと説明・共有することが大切です。目標やゴールに対する理解があれば、実行する意義が見出せるので、モチベーションが向上します。

ポイント2　「自分がラクになる」ことを伝える

線を引いて業務改善をするのは、社内のムダや困りごとをなくすためです。ムダや困りごとを解消すると、会社、お客様、作業者本人にメリットが生じます。

- 会社のメリット　：生産性が向上する
- お客様のメリット：高品質の製品を（早く安く）享受できる
- 作業者本人　　　：仕事がラクになる

たとえば、製造現場で部品を取りに行くとき、線を引く前は「往復30秒」かかっていたとします。そこから「整頓」に取り組んで、置き場と動線をあらためた結果、「往復20秒に短縮できた」としたら、自分の仕事が「10秒分」短縮され、ラクになります。

「線を引くと自分の仕事がラクに、快適に、スムーズになる」

これを実感できれば、自分から「線を守ろう」という気持ちが芽生えます。線の運用は、会社のため、お客様のためであると同時に「自分のため」でもあるからです。

「ラクになる」ことを嫌がる人はいません。困りごとが解消されるのであれば、人は積極的に線を守ろうとします。

「今のやり方に慣れている。現状維持がいちばんラクだ」と考えているとしたら、その考えは正しくありません。現状よりももっとラクで、それでいて現状以上の成果を上げられるなら、線を受け入れ、やり方を変えられるはずです。

ポイント3　定期的に「点検」する

線を決めてもトラブルが再発するとしたら、その原因は何でしょうか。

その原因の多くは、定めた線（標準）が悪かったのではなく、標準の教え方が悪かったのでもなく、「標準を守っていなかったこと」にあります。

標準の順守を徹底するには、「日常点検」と「定期点検」を実施して、「決められた通りにやっているのか」をチェックすることが大切です。

日常点検：直接の作業者が、毎日の点検をする
定期点検：定期的な頻度で（週に1度など）、現場で標準が守られているかをチェックする

ポイント4　現場からの改善提案をうながす

トレーナーの岡田憲三は、「一方的に、マネジャーが現場にルールを押しつけるのではなく、作業者本人をしくみづくりに参画させると、自発的に線を順守するようになる」と言います。

「最初はイヤイヤながら仕方なくでも、基準、標準を守った結果として、『自分の仕事がラクになった』とか『自分の職場がキレイになった』と実感すると、作業者のほうから『こうすれば、もっとラクができるのでは？』『こうすれば、もっとキレイになるのでは？』などとアイデアが出てくることがあります。

そうしたときにマネジャーにお願いしたいのは、現場からのアイデアを否定せずに、き

きちんと「標準」が守られているか?

日常点検　直接の作業者が、毎日の作業の点検をする

定期点検　定期的な頻度で(週に1度など)、現場で標準が守られているかをチェックする

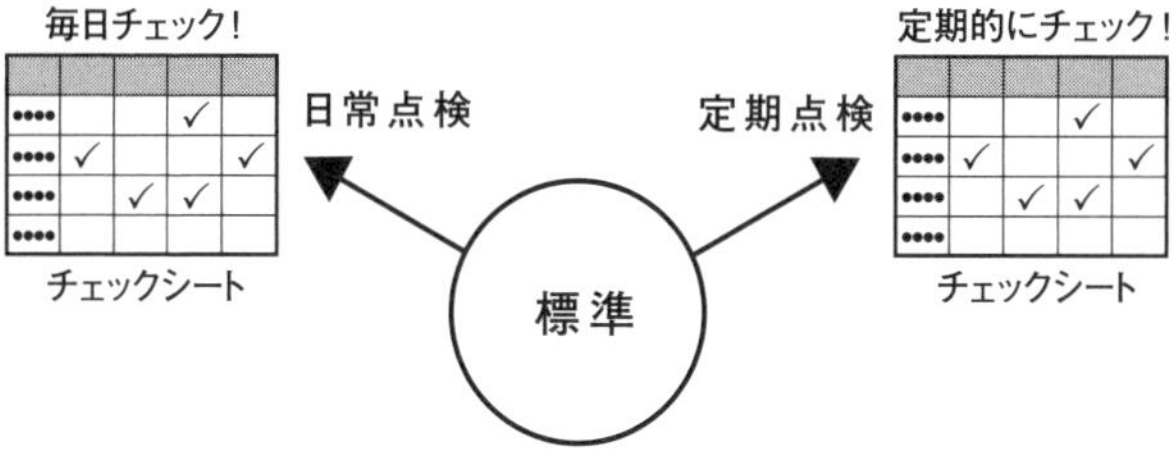

点検をした結果、不具合などを発見した場合は対策表に記入する

※対策表には、不具合内容だけでなく、改善案から、担当者名、改善の対策が完了した日まで記載される

不具合を早急に解決するしくみ!

ちんと検討すること。今よりももっと良いやり方へと標準を書き換えていく姿勢が重要です」

トレーナーの高木新治が中国に赴任し、現地の医薬品系メーカーの指導をしたときには、実際に現場の人たちがしくみづくりに参画して、さらに効果を上げる基準、標準の運用に成功したそうです。

「私が指導に入ったとき、作業の基準が、あるにはありました。しかし、曖昧な基準であっただけでなく、守らなくても注意されることがなかったために、形骸化していました。基準、標準を運用するにあたって大切なのは、現場の意見です。自分たちの声が無視されたり軽視されたりすると、現場メンバーの間には不満が広がります。

そこで私は、**『こうするといいですよ』と答えを与えるのではなく、『これはどう思う？』『こういうのはどう？』と問いかけ、現場メンバーの気づきをうながすことを心がけました。**

そして、現場メンバーが自分たちの頭を働かせ、手を動かしながら考えた結果、さまざまな課題が明らかになり、その課題を解決するための新しい基準と標準ができました。

たとえば、私が何も言っていないのに、現場メンバーが『日常管理板』（1枚のボードに、改善テーマ、方針・目標、管理指標などをまとめたもの）を作成してきたこともあります。現地には4チームあったのですが、それぞれのチームが、『私のところは、こういう管理板をつくりました』などと、自主的な職場改善に取り組むようになったのです。

現場からの改善提案を受け入れながら『線』を引いた結果、1人ひとりが責任感を持つようになりました」


「言われたことしかやってはいけない職場」と「自分たちの考えをしくみづくりに反映できる職場」では、後者のほうが線を順守する意識は高くなるのです（現場からの提案を吸い上げるしくみは、CHAPTER5で詳述します）。

LECTURE

26

POINT

マネジャーの準備しだいで、部下のスキルが変わる

部下への指導の成否は事前の準備しだい
「教える前の4つの準備」を必ずチェックしておこう

■マネジャーは、指導前の準備を抜かりなく

標準は「平均」とは別物です。**標準とは「現時点で最も良い方法」のこと**です。

仮に、スキルレベル（技能水準）が「10」のAさんと、スキルレベルが「5」のBさんがいたとしましょう。

「現時点で最も良い方法」がAさんのやり方だった場合、Aさんと同じ作業ができるようにBさんのスキルレベルを上げる必要があります。そうしなければ、現場で標準が守られないからです。

では、どうすればBさんのスキルレベルを上げることができるでしょうか。

トヨタのマネジャーは、**「教える前の4つの準備」**と「教え方の4段階」で人材を育成します。

「教える前の4つの準備」と「教え方の4段階」は、決められた時間で早期の戦力化を図るために、トヨタがまとめた教育体系です。

よく、職場の人員を教育しようとすると、次のような悩みにぶつかりますよね。

- **仕事を教えるのに時間がかかる**
- **教え方が人によってバラバラである**
- **厳しすぎて、部下のモチベーションが下がる**

しかし、この手法に従って段階的に教えていけば、こうした課題も解消できます。

ポイントは、自分の勘や経験だけに頼った教え方ではなく、「標準に準じて、正しいステップで、正しく教える」ことです。

成り行き任せの指導はできませんから、教える前の準備が必要となります。

「教える前の4つの準備」を見ていきましょう。

準備1　訓練計画表の作成

「誰に」「どの作業を」「いつまでに」習得させるかを計画した訓練計画表を作成します。

トヨタでは、作業者の技能レベルを把握するために「スキルマップ」を活用しています。

スキルマップは、ヨコ軸に作業名、タテ軸に作業者名を置いた表の中に、作業者の習熟レベルを4等分した円で表したものです。誰が見ても、「誰にどんなスキルがあって、その習熟度がどの程度なのか」がわかります。

【スキルマップを使用するメリット】

- 誰が、どの作業を、どのレベルでできるのかが、ひと目でわかる
- どのスキルを持つ人が不足しているのかが、一目瞭然になる
- スキルと人員のバラツキをなくすことで、シフト管理や配置転換がしやすくなる
- 作業者同士が互いに刺激し合い、助け合うことでモチベーションが向上する
- 個人のスキルが視える化されるため、作業者自身が、「自分のスキルはどのレベルなのか」「どのスキルが足りていないのか」に気づく

スキルマップの作業レベルの見方

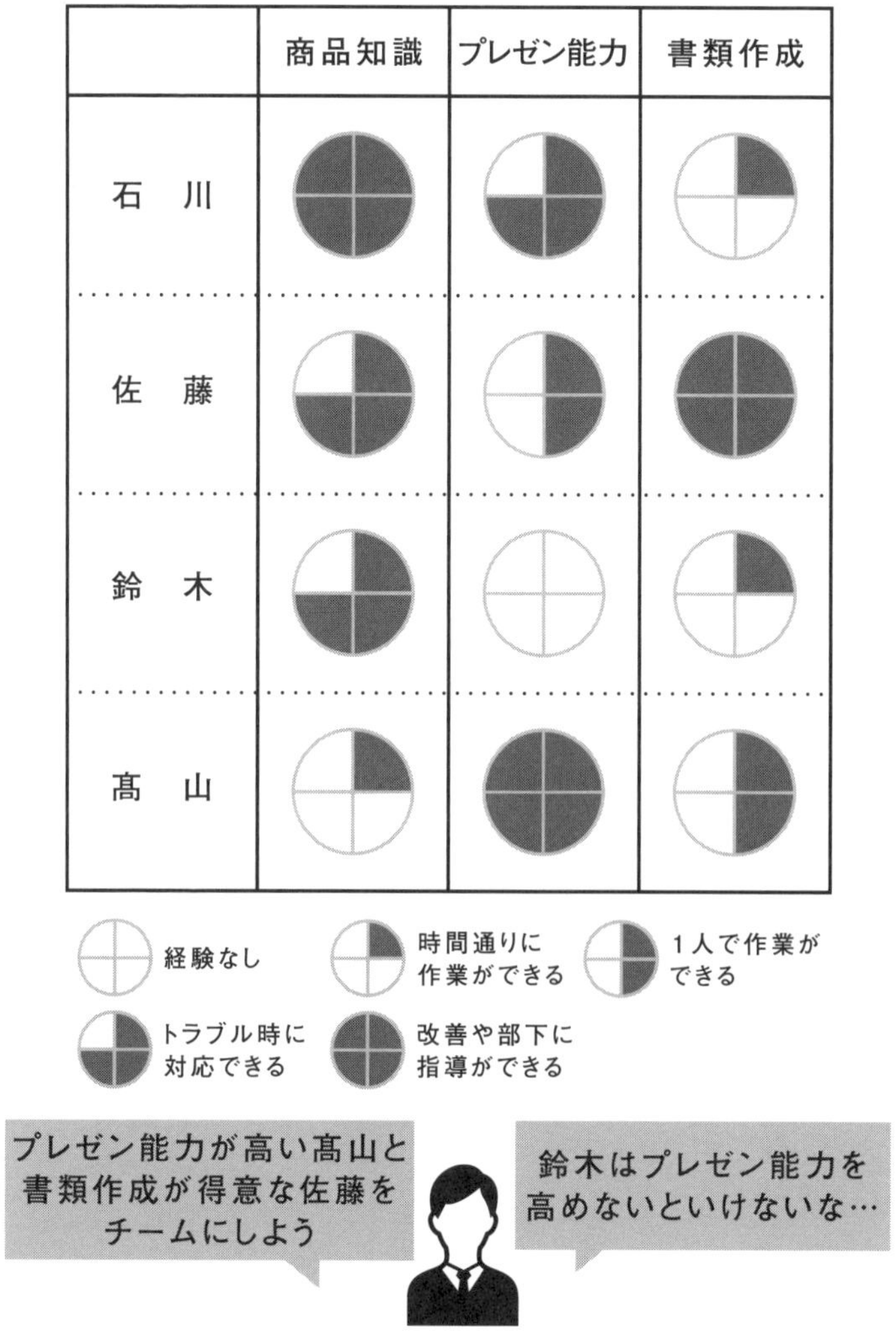

・個人のスキルだけではなく、職場全体のスキルもわかる
・職場間の人の応受援が実施しやすくなる

また、訓練計画表には、習熟度、訓練計画（各訓練を実施する予定日）、完了（実際に訓練を実施した日）を記入する欄を設けます（次ページの訓練計画表のイメージ参照）。

準備2　作業の分解と作業要領書の作成

作業要領書を作成するために、作業を分解して、作業手順や要点を拾い出します。

作業要領書は、「作業者にとっての手引書」であると同時に、指導者自身が仕事のやり方、教え方を整理する心覚えです。

作業要領書には、前述したように、作業の手順、急所、急所の理由を明記し、「必要なことだけ、順序よく、大事な点を落とさずに書く」ことがポイントです。

急所の理解は重要です。

作業要領書を読んだときに、作業に手順がある意味と重要性がストンと腹落ちすれば、正しい作業方法が定着しやすくなります。

スキルマップを活用した訓練計画表のイメージ

工程別技能習得状況管理表（訓練計画表）

			○○××確認準備	○○△△組み立て	○○テスト前運転準備	○○機能テストA	○○機能テストB	テストデータ記録	テストデータ解析
1	山田圭介	習熟度	●	●	●	●	⊕	⊕
		訓練計画	5.7.15	5.9.15	5.9.15			
		完了	5.9.15	5.11.15	5.12.15	5.12.18	5.9.15	5.9.15
2	角川　葵	習熟度	◕	◕	◕	●	●	●
		訓練計画	7.5.31	7.5.31	7.5.31	7.9.25	7.9.25	7.9.25
		完了				7.12.31	7.12.31	7.12.31
3	佐藤陽和	習熟度	●	●	●	◔	◔	⊕
		訓練計画				7.11.31	7.11.31	
		完了						
4	川原　碧	習熟度	●	●	◕	◑	◑	◑
		訓練計画	7.4.20	7.4.20	7.7.20	7.9.25	7.9.25	7.9.25
		完了	7.5.31	7.5.31				

習得済みの場合は日付を入れる

年間を通した訓練計画

訓練中

◔ 時間通りに作業ができる
◑ 1人で作業ができる
◕ トラブル時に対応できる
● 改善や部下に指導ができる

わかりやすい評価基準

・不良品を出さない作業のやり方
・ケガをすることのない安全な作業のやり方
・やりやすい環境や姿勢を保つ作業のやり方

この3つは、作業者自身にとっても重要な事項です。作業をていねいに分解して、もれなく伝わるように作成しましょう。

準備3　必要なものの準備

使う道具や材料、作業要領書など、教える際に必要なものを用意します。盲点になるのが設備です。教えるときに使う予定の設備についても、必ず使えるかどうか、きちんと確認しておきます。

準備4　作業場の整備

教える場所である作業場を整備します。

作業場が散らかったり汚れていたりすると、正しく教えることはできません。気分的な問題にとどまらず、安全性にも影響が出るので気をつけましょう。

- **工具の整備不良、材料が揃っていない**
- **作業場が汚れている**
- **作業要領書がない（教え方に一貫性がなくなる）**

このような様子が見受けられると、教わる側から「適当に教えようとしているのではないか」と勘ぐられ、信頼を失いかねません。教える側の準備不足は怠慢です。

人材育成で早期戦力化を実現するためにも、指導を始める前の「4つの準備」をおろそかにしないようにしましょう。

LECTURE

27

POINT

4つの段階に分けて、確実に、正しく教える

教えるときには、4つのステップで進めていき、体験がともなったスキルを身につけさせる

■作業者が一人前になるまで、粘り強く教え続ける

教える準備を終えてから、実際に技術を教えていきます。教えるときのポイントは、相手に寄り添い、相手の理解度を確認しながら段階的に教えていくことです。

「教え方の4段階」とは、次の4段階です。

第1段階　習う準備をさせる

教わる側は、初めて習うものを前に緊張しています。

けれども、緊張しすぎていると、これから教える内容が頭に入りにくくなります。学習効果を高めるためにも、まずはリラックスしてもらいましょう。出身地や趣味など、当たり障りのない話題を振って、相手の気分をほぐしましょう。

これから教える内容については、「今日は〇〇作業について教えます」と、作業名をはっきり伝えます。そして、「過去に同じような作業をやったことがあるか」を確認することも重要です。過去に似たような作業を経験しているのであれば、重なる部分は簡略化してもいいからです。

また、これから教える作業が、仕事を全体的に見たときに、どのような位置づけなのかも説明します。どんなに小さな作業であっても、仕事全体の価値に貢献していること、欠かすことのできない作業であることを伝えます。

可能であれば、この段階で完成品を見せておくのもいいでしょう。

逆に、自分の作業にミスがあった場合に起こり得る問題の大きさ、影響についても、しっかり認識してもらいます。

習う準備は、日常のコミュニケーションから始まっています。

教えている時間に限らず、仕事終わりのタイミングで、「作業でやりにくいところはなかったか？」「疑問点が出てきていないか？」と、フォローをしながら確認するのもいいでしょう。

教えたあとのアクションとしては、始業時に「昨日はここまでできたから、今日はこれをやってみよう」などと一緒に目標を考えたり、日々の動機づけを後押ししたりすることも大切です。

第2段階　作業を説明する

作業を説明するときには、マネジャー自身が「なぜこの作業をしなければいけないのか」「なぜここが急所なのか」を逐一説明しながら、お手本を見せます。

「しっかり見とけよ」と声をかけて、やっていることをただ見せるだけでは不十分です。

やってみせたあとは「わからないところはなかったか？」と、その都度問いかけ、理解の度合いを確認します。その際も、「ちゃんとわかったよな」「大丈夫だよな」などと、高圧的な言い方はするのはやめましょう。

第3段階　やらせてみる

実際にやらせてみるときのポイントは、次の3つです。

- **動作をやらせて間違いを直す**
- **手順を言わせながらやらせる**
- **急所とその理由を言わせながらやらせる**

やらせてみる前に「手順を言わせる」のも効果的です。「手順を正しく理解している」と判断できれば、実際にやらせてみます。ですが、「教えた手順と違う」と判断した場合は、もう一度、指導者がやってみせます。

やらせたときに、間違いがあれば、その場で指摘します。指摘するときは、「全然違うよ」とか「まったくダメだね」と強く否定するのではなく、「こうするともっとうまくできる」「こうすると安全にできる」「今のやり方だとこうなってしまうから、こうするといい」などと、相手が萎縮しないような前向きな表現を使ってアドバイスします。

トヨタには、「**やってみせ、やらせてみせる**」という考え方があります。「やってみせ」が「第2段階　作業を説明する」に対応し、「やらせてみせる」が「第3段階　やらせてみる」に対応します。

知識を教えたら、その場で実践してもらうのが原則です。

トレーナーの高木新治は、「知識を教えただけでは人は育たない。技能を身につけさせるには訓練が必要」と考えています。**訓練とは、「習熟するまでやり続けること」**です。

「私は、『技術』と『技能』は違うものだと解釈しています。

技術は、方法や手段のこと。技能は、『能』という漢字に『できる』の意味が含まれていることからもわかるように、技術を使いこなすことです。

教育をすれば、知識としての技術を教えることはできます。

ですが、体験がともなっていなければ、『技能』を身につけることはできません。一度教えたにも関わらず忘れてしまったり、身につかずに終わってしまうとしたら、その理由は『自分の身体で覚える』という体験の量が少ないからです。

技能を身につけさせるには、技術を教えたあとに何度も何度も訓練を繰り返すことが重要です」

第4段階　教えたあとを見る

実際に仕事の現場に投入して、徐々にスキルを上げていきます。

第3段階までは、作業のやり方を覚えたにすぎず、付加価値を生み出せるレベルではありません。

そこで指導者は、「教えた作業手順は合っているか」「安全に作業ができているか」「つくった製品が基準を満たしているか」を確認します。

「自分が指導者だったときは、標準を確実に守れるようになるまで、1時間に1回は見に行っていました」と話すトレーナーもいます。

確認に行く必要がなくなった時点で、「教える」というプロセスが終わります。

仕事が一人前にできるようになるまで、親身になってフォローする。面倒を見る。

これがトヨタの教え方です。

LECTURE
28

POINT

部下の成長をうながす上司の心得

上司は部下へ、技能だけを教えるのではなく、意欲を引き出すような指導を行う

■部下を指導するときに忘れてはいけない心得

部下を指導するうえで最も大切なのは、部下の成長意欲を引き出すことです。部下が意欲的に取り組むことで、線の定着はスムーズに進み、さらには部下自身の力で、さらなる良い線を引こうとするモチベーションも生まれます。

そのために指導者は、部下の個性と技能レベルを把握し、相手に寄り添いながら、「できるようになる」まで、時間をかけなければなりません。

「先輩の背中を見て覚えろ」「技術（技能）は盗め」「自助努力して学べ」では、部下の意

欲は削がれてしまいます。

作業に必要な技術（標準）を体系的に教え、作業の手順や急所をわかりやすく教えなければ、人は育ちません。

部下の意欲を高めるうえで、上司が覚えておくべきポイントは、次の6つです。

①チャレンジの機会を与える

トレーナーの高木新治は、「多くの人たちは、自分の能力に蓋をしています。その蓋を開けさせるには、機会を与えること」だと言います。

上司の立場になると、仕事ができる部下に仕事を与えたくなります。そうすれば、仕事は早くまわり、成果も出ます。しかし、一部の「できる人」ばかりに仕事を振ったり、自分自身で仕事を抱え込んでしまうと、人を育てることは難しくなります。

人を育てるには、「難易度の高い仕事に挑戦する機会」を与えることが大切です。

②失敗をとがめない

高木がトヨタで組長を務めていたとき、「引き継ぎ用の申し送り帳には、うまくいったことだけでなく、失敗したことも書くように指示していた」と言います。

「部下に難しい溶接の仕事にチャレンジする機会を積極的に与えて、その中でうまくいかなかったこと、失敗したこと、今後の課題を書き記すことで成長をうながしたのです」

失敗は恥ずべきことではありません。むしろ、技能は失敗を重ねた先に身につくものです。失敗をして、その原因を突き止め、次に生かすことで人は成長します。

③最初から答えを教えない

最初から「ああしなさい」「こうしなさい」と答えを与えずに、作業者自身に「どうすればできるようになるのか」「自分に足りないものは何か」と考えさせたほうが、応用力が身につきます。応用力が身につけば、自分の力で課題を解決できるようになります。

答えを求めてきても即答せず、「Bさんはどう思う?」「Bさんの意見は?」と逆に問いかけ、考えさせることが大切です。

トヨタ時代、試作車の製作に長年携わっていたトレーナーの岡田憲三は、部下を指導する際、「問いを投げかけ、自分の頭で考えさせていた」と話しています。

「たとえば、部下に『紙を支える治具』の工作図を書かせます。厚い紙なら支える支柱は少なくて済みますが、薄い紙の場合は何本も支柱が必要です。支柱の位置、数、太さなどを部下に考えさせるわけです。工作図が提出されたら、『どうして、支柱をこの位置にしたの？　もっと支柱の数は少なくていいのでは？』などと質問します。

明確な答えが返ってきたらＯＫですが、返ってこなかった場合は、『試しにそのままやってみたら？』とやらせることもあります。自分で考え、自分で試すという経験を積むからこそ、会社が決めた基準や標準に対する理解が深くなります」

④関心を持って対話する

トヨタの上司は、部下に関心を持って対話する機会を積極的につくっています。部下1人ひとりに関心を持ち、相手を理解する姿勢を持つことが重要だからです。

人間には、「他者から期待を受けることで、その期待に応える成果や能力の向上が見られる」という心理的傾向があり、これを「ピグマリオン効果」といいます。

トレーナーの高木新治は、かつて周囲の誰もが「1カ月ももたずに辞めるだろう」と予想した新人の教育に携わったことがありました。このときの新人は、まさにピグマリオン効果を発動し、高木の期待に応えたのです。

「絶対に彼を辞めさせないと決め、1年間、毎朝5分～10分程度、1対1のミーティングを続けました。『関心を持ってあなたに接しているんだ』と伝えるためです。

その結果、周囲の予想に反し、彼は溶接コンクールで好成績を残せるほどの技能を身につけ、現在はマネジャー（管理監督者）として現場を率いています」

「部下を理解しよう」という上司の姿勢は、部下からの信頼を得ることにつながり、安心感を与え、その育成効果も高めます。

⑤理解・納得させる

トレーナーたちは一様に、こう考えています。

「上から『やり方を変えろ』と指示を出したところで、線は定着しないもの。線の必要性を納得させることが重要である」。

納得とは、知識として理解したうえで、肯定的に受け入れることです。

納得させるには、「客観的な証拠」を示すことも大切です。

たとえば、「今までのやり方」で作業をした場合と「標準」を取り入れて作業した場合のビフォー・アフターを動画で撮影して見比べてみたとしましょう。疑いようのない事実を見せられれば、「今までのやり方にムダがあったこと」を事実として納得できるようになります。

3回言っても納得しないなら、10回言う。10回言っても納得しないなら、20回言う。部下が納得するまで、「なぜこの基準があるのか、なぜこの標準があるのか」を根気強く説明することが大切です。

⑥率先垂範《そっせんすいはん》の姿勢を見せる

率先垂範は、「リーダーが先頭に立って、自らが望む行動や態度を示すこと」を意味します。

トヨタの基本理念の一部であり、リーダーシップの重要な原則です。トヨタでは、率先垂範が組織文化に深く根づいています。マネジャーが優れたロールモデルとなって、他のメンバーに影響を与えていくことが大切です。

たとえば、**マネジャーが「整理・整頓は現場の仕事」という姿勢でいる職場では、絶対に5Sは定着しません**。自分はまったく行動せず、指示を出すばかりでは部下の信頼は得られません。マネジャーが部下と一緒になって整理、整頓をするなど、率先垂範の姿勢を見せると、部下のモチベーションは上がります。

LECTURE

29

POINT

南アフリカの工場が劇的にキレイになった理由

線は、上司が「守れ」と言っても守られない
同じ立場に立ち、同じ未来を見るのが重要である

■線が定着しない理由を1つずつ取り除く

弊社の森戸正和が南アフリカに赴任し、現地企業の改善を進めたときのことです。基準、標準の線を引き、その線を運用するために腐心したのは、おもに次の4点です。

①変化点を少なくする

変化点とは、製造工程において、品質に影響を及ぼすような「何らかの変化」が起きるリスクのことです。たとえば、昼夜交代勤務など作業者が入れ替わるとき、担当者が休ん

で代理が入るとき、設備を入れ替えたときなども変化点です。

当時の南アフリカは公共交通の整備が遅れていて、「乗り合いバス（タクシー）に乗り遅れた」などの理由で、従業員の無断欠勤や連絡なしの遅刻があとを絶ちませんでした。

そこで、「無断欠勤に対する懲罰の迅速化」「遅刻時の連絡手段のルール化」「人員が交代しても対応できる『標準』の明確化」など、「人」の変化点管理を進めました。

連絡手段のルール化で、組長が部下全員の携帯番号を把握し、「遅れる場合は30分前までに連絡すること」と決めたときには、「電話番号なんてプライバシーに関わる事だから組長が把握するのは無理だ」と反対する管理者もいました。

しかし、実際にやらせてみると、多少の抵抗はありましたが、組長に迷惑をかけたくないという人も多く、案外スムーズに進みました。

②組長を監視者から監督者に変える

森戸は振り返ります。

「当初、組長は、マネジャーというより、離れたところから現場を見ている監視者でした。『コミュニケーション＝メンバーのご機嫌取り』と考える節もあり、『統制したり規律を守らせたりすると、人間関係に影響が出る』と考えていたのでしょう」

当時の南アフリカでは、マネジャーと現場の関わりが希薄だったのです。

森戸は話を続けます。

「私は、マネジャーはどうあるべきかを伝え、彼らの意識を少しずつ変えていきました。マネジャー（監督者）は、自ら現場に出て、状況を把握し、細かく手を打ちます。作業者に声をかけ、コミュニケーションを取り、基準と標準を守らせます。つまり、作業者と一緒になって現場改善を進めていくのが、私たちの考えるマネジャーの役割です」

③マネジャーと従業員の認識を一致させる

②と同様に、マネジャーと現場の関わりが希薄であったため、会社の将来や方向性に関しても、マネジャーと従業員の認識が共有されていませんでした。

「従業員にとって、新しい基準、標準は戸惑いの対象です。**『なぜそれができたのか』『なぜ守らなければいけないのか』を理解していなければ、守ろうとはしないでしょう。**マネジャーは一方的に考えを押しつけてはいけません。現場の声を聞きながら基準をつくることで、認識のズレは少なくなります。状況認識が一致しないと、ものごとは前に進まないのです」

④基準をそろえる（感性をそろえる）

「5S」の定着にあたっては、「キレイ」の感覚をそろえることが重要でした。

そこで、感覚、感性、認識をそろえるために用いたのが『絵』です。整理整頓された状態を絵として見せれば、人によって解釈が変わることはありません。

「ただ絵を見せるだけではなく、なぜこの状態ではダメなのか、どうしてこういう状態に直すのか、その理由をきちんと説明し、理解をうながしました。

念を押して伝えたのは、『整理整頓をすれば、誰かを助けることになる。整理整頓をしなければ、誰かに迷惑をかけることになる』ことです。

そして、従業員同士の5Sに対する考え方が一致したあとで、『じゃあ、区画線を引いてみよう』と、実際に線を引き始めました。新しいやり方や新しい考え方を定着させるには、まず、全員の方向性をすり合わせておくことが重要です」

線は、引くだけでは決して定着しません。線の運用に関わるすべての人が、線の示す意味と必要性を理解して初めて生きた線となるのです。

LECTURE

30

POINT

人によって解釈がズレないように、曖昧さを排除する

人の感性や職人の技術であっても、チェックシートを使用したり、測るタイミングを工夫して定量的な基準を設定する

■数字に置き換えると、認識のズレがなくなる

人の感性は個人的、主観的なもので、千差万別です。

たとえば、時間の捉え方。「できるだけ早く」という表現は、人によって解釈が異なります。

1年スパンで商品開発をしている人にとっての「できるだけ早く」は、1カ月以内かもしれません。一方、週単位で仕事をしている人の「できるだけ早く」は、当日中かもしれません。

標準をつくるときは、こうした曖昧さを排除して、全員が同じ解釈を共有できるようにします。トレーナーの中上健治は、「イメージを具体的に正確に共有することの大切さ」を指摘します。

「トヨタでは、車体の塗装が鮮やかで美しい光沢を持つ状態を『ピッカリ感』と表現しています。ピッカリ感は、表面のツヤや仕上がりの質感を指す塗装用語です。

鮮やかさや美しさは、人によって感じ方が異なります。そのため、『艶が出るように塗装する』という指示では、品質の均一性を保つことができません。たとえば、『艶が出るように』ではなく、『水ようかんのようなツヤ感が出るようにする』と表現すると、作業者同士で共通のイメージを持つことができます。

そして、水ようかんのようなツヤ感が出た段階で測定装置を使って平滑感《へいかつかん》（塗装表面の凹凸によって得られる質感）や膜厚《まくあつ》（塗膜の厚み）などを測定すれば、『ツヤ感』という感覚的な表現に、定量的な基準を設けることができます。

以前、指導先の経営者から、『ちゃんとしたものづくりをするために、力を貸してください』と頼まれたことがありました。

この『ちゃんとした』という表現は曖昧です。何がどうなっていれば、『ちゃんとしている』と言えるのか。難しいですよね。**基準、標準の線を引くときは、数字に置き換えるなど、客観的なものさしを提示すべき**です」

中上は、ある企業の販売促進部門の基準づくりにも携わったことがあります。それは、販促用のチラシなどを作成する企画の仕事でした。

企画の仕事は、生産の現場と違って、品質に対する絶対的な基準を設定するのは難しいです。また、基準や標準を決めすぎてしまうと、自由な発想力の妨げになり、企画の独自性が損なわれてしまうおそれもあります。ですが、企画立案以外の仕事に忙殺されることのないよう、細々としたスケジュールや企画の選定方法に基準を設けることは可能です。

曖昧さを残していいところは残し、仕事の手順や書類のフォーマットなど、カッチリ決められるものは基準、標準としてつくることをおすすめします。

中上自身も、基準をつくるメリットに言及しています。

「スケジュールや企画の決定方法、企画書の書き方について基準をつくっておくと、立案作業が効率的になります。その分、いちばん時間をかけたいアイデア出しに注力できるようになるので、結果として、提案の質が上がりました」

■職人の技術を数値化する

トヨタでは、数値化された線を引くことで、「誰が見ても明らかに異常だとわかる状況」をつくろうとしています。

たとえば、鋳造加工の場合、現場の大先輩たちが培ってきた知恵を数値化して、再現性、汎用性を高めています。

鋳造加工とは金属によるモノづくりの基本技術であり、その代表的な方法が、砂を固めてつくった鋳型を使う「砂型鋳造法」です。

「砂」は、季節や輸送条件によって乾燥度合いが変わるため、トヨタには、鋳型をつくる直前の砂の状態を評価するしくみがあります。かつては「職人」が砂を触って、感触や砂の四散の仕方で判断していました。

ですが現在は、誰もが共通のものさしで砂の状態を評価できるように、職人の技術を数値化（「砂の成分」のボンドやカーボンなどの含有量が何％か、「砂の湿度」は何度かなど）したうえで標準を決めています。

■チェックシートを用いて、感性の差を埋める

5Sで整理・整頓・清掃を進めるときも、人によって清潔さの感じ方（キレイの尺度）が異なるので、判断基準を明確にすべきです。

「うちの職場は今のままで十分キレイだ」と考えているAさん
「うちの職場は雑然としていて、片づけが必要だ」と考えているBさん

AさんとBさんは、同じ職場で働く同僚です。2人が5Sに取り組むと、結果が変わってしまいます。

では、Aさんが片づけをしても、Bさんが片づけをしても、「同じ結果」になるためにはどうすればよいでしょうか。

トヨタでは、「清潔さ」に対する感性、感覚をそろえるため、チェックシートを活用しています。具体的な内容のチェック項目に点数で答え、まとめます。人によって異なる感性をすり合わせることができるので、客観的な判断が可能になります。

チェックシートを活用して「曖昧さ」を排除する

5S・安全チェックシート

項目			得点			振り返り			
			1回目	2回目	3回目	どこに・なにが	どうなっている(原因)	なぜいけないのか(引き起こす問題)	取り組むこと
整理	1	不要なモノ・壊れたモノが、作業エリアや設備(上・内・下)や周辺に置かれていない	2	2	2	設備の上・工具	置きっぱなしになっている →いるモノかいらないモノかわからない →基準がない	・設備の上から落下して製品に影響(品質) ・次に工具を使用する人が探し回る(生産性)	整理基準を決め、不要なモノは処分する
	2	保管スペース(保管室、置場、棚、キャビネット等)に、不要なモノがない	2	2	4				
	3	本来の置き場所でないところ(通路、休憩室、空きスペース等)に不要なモノがない	1	3	4	備品棚・大量のボルト	箱からあふれている →補充時に大量に入れている →入数の基準がない	・違うものを誤って使用する(品質) ・ボルトを探すのに時間がかかる(生産性)	入数の基準を決める(整理基準)
	4	必要以上の材料、予備品、工具、補助材等が置いてない	1	2	3				
	5	整理ルール(いるモノ・いらないモノの基準)、整理の定期実施のしくみがある	1	2	4				
			7	11	17				
整頓	6	…………							
	7	…………							

チェックシートの記載内容の例

●チェック項目

1 不要なモノ・壊れたモノが、作業エリアや設備(上・内・下)や周辺に置かれていない

●得点

2点(1回目のチェック)　2点(2回目のチェック)
2点(3回目のチェック)

●振り返り

【どこに・なにが】
設備の上・工具

【どうなっている(原因)】
置きっぱなしになっている
→いるモノか、いらないモノかわからない
→捨てるための基準がない

【なぜいけないのか(引き起こす問題)】
設備の上から落下して製品に影響(品質)
次に工具を使用する人が探し回ることになる(生産性)

【取り組むこと】
整理基準を決め、不要なモノは処分する

チェック項目に対して、事実(現状)を記入していくので、記入する人の主観が入りにくい

LECTURE
31

POINT

「ホウレンソウ」にも基準・標準をつくる

報・連・相のタイミングは、個人任せにしてはいけない
キッチリ線を決めておくことで、ミスの多くは防げる

■ホウレンソウを正しく行うと、改善スピードがアップする

「ホウレンソウ（報・連・相）」とは、「報告」「連絡」「相談」を略した言葉で、ビジネスの基本となる3つのコミュニケーションを表しています。

必要な関係者へ、必要な報告や連絡がなされていなければ、情報が共有されず、ささいなミスやトラブルが起こりがちです。

必要な情報をいち早く社内で共有するために、ホウレンソウにも、次の要領で線を引きます。

①品質、安全に影響を及ぼす問題はすみやかに報告する

トヨタでは、安全や品質に影響を及ぼす問題が発生したら、すみやかにラインを止めて上司にホウレンソウします。そして、問題が解決するまではラインを動かしません。

「この問題を放置すると、お客様からのクレームにつながる」

「お客様からの注文が来なくなる」

こうしたお客様への影響度が高い事象も、ただちに報告します。

②「期限」が守れないときは、すみやかに報告する

作業が予定していた期限内に終わらないことが判明したら、間に合わないことがわかった時点で、ホウレンソウします。早めに遅れを把握できれば、適切な対応策を取ることが可能だからです。

③定期的にホウレンソウをする場をつくる

トヨタでは、各部門の作業の進捗状況を一覧にしたボードが貼り出してあり、毎朝、それぞれの部門の責任者が、作業状況を管理者に報告します。

「どんな問題が発生しているのか」

「その問題を解決するにはどのように対処すべきか」

これらを報告の場で同時に話し合ってしまうのです。

毎朝、報告の機会をつくるのが難しければ、定期的に報告や連絡の機会を設けます(例：毎週月曜日に進捗確認の会議をする。毎日帰り際に社内ネット上に進捗を報告する)。ホウレンソウが滞らないしくみをつくります。

④「現地・現物」で行う

ホウレンソウは、会議室ではなく、できるだけ仕事の現場(問題が発生している現場)で行うことが原則です。なぜなら、現場では、ごまかしがきかないからです。

トヨタには、「者(人)に聞くな、物(現場)に聞け」という言葉があります。「者」は勘違いや、ウソをつく可能性がありますが、「物」は決してウソをつきません。

オフィス業務の場合は、報告の際の上司と部下の認識をそろえるために、

- 現地・現物を把握したうえでホウレンソウする
- 完成していなくてもいいので、成果物(現物)を上司に見せながらホウレンソウする

という2点を心がけます。

⑤報告を上げるタイミングを決めておく

トヨタでは、たとえば、ある重要度の高い設備でトラブルがあった場合、

- 15分たっても解決しなかったら組長は工長に報告する
- 工長は30分で解決できなかったら課長に報告する

という具合に、トラブルが発生している時間の長さによって、報告タイミングと報告相手が変わるルールになっています。

⑥ヒヤリハット体験は隠さずに報告する

「ヒヤリハット」とは、現場でヒヤッとしたこと、現場でハッとしたことを指します。一大事には至らなかったものの、大きな事故・災害・ケガにつながりかねない体験のことです。たとえば、「機械からいつもと違う音がする」といった小さな異変も報告します。

⑦「バッドニュース・ファースト」を徹底する

悪い報告をしないと、あとで大問題に発展する可能性があります。問題が小さいうちに上司に報告して対応しておけば、問題が深刻になるのを防ぐことができます。

LECTURE

32

POINT

線を超えたら、先送りせず、ただちにストップ

問題は、次工程に引き継がずに、その場でストップ「問題を見過ごさずに改善すること」が優先される

■問題が発生したら、途中で仕事を止めていい

トヨタの生産ラインには、「アンドン」と呼ばれる、生産工程の異常を表示するシステム（電光表示盤）があります。

アンドンは、正常と異常を視える化する道具です。作業の途中で異常を見つけた場合（基準、標準から外れた場合）、作業者はただちにアンドンを表示させる決まりです。

不良品を見つけた場合は、ラインを止めてでも、**その場で解決し、不良品を次の工程に流さない**ようにします。

アンドン：異常発生を表示装置に点灯させて周知するシステム。生産工程の異常がひと目でわかる

【アンドンのしくみ】

①ラインの作業者が異常を発見する
←
②「呼び出しボタン」を押す
←
③「アンドン」と呼ばれるボードに「黄色」の表示が出ると、呼び出し音が鳴る
←
④アンドンを確認したリーダーが呼び出しボタンを押した作業者のもとに駆けつけ、対応する
←
⑤対応が終了すると、呼び出しボタンを押して解除する
（この場合、ラインは止まらない）
←

⑥リーダーが駆けつけたあと、決められた場所までに問題が解決しなかった場合、アンドンの表示は「赤色」に変わり、ラインが止まる。解決までに時間がかかる場合は、各所から関係者が集まって対処する

↓

⑦問題が解決したらラインを再び動かす

「異常が発生したら、機械やラインをただちに止める」という考え方のことを、トヨタでは「**自働化**」と呼んでいます。自動化ではなく、自働化です。

自働化は、「異常が生じたら、自動で止まる（止める）」ようにすることで、不良品の発生を防止することです。これにより、人が張り付いて機械の見張りをする必要がなくなったので、生産性の向上が図れます。

また、生産ラインに限らず、オフィス業務においても「止めること」が重要です。

- **トラブルが起きたとき、問題が生じたときこそ、勇気を持って仕事を止める**
- **トラブルは、その時点で解決する**

異常が発生したらその場で対処する

●アンドンのしくみ

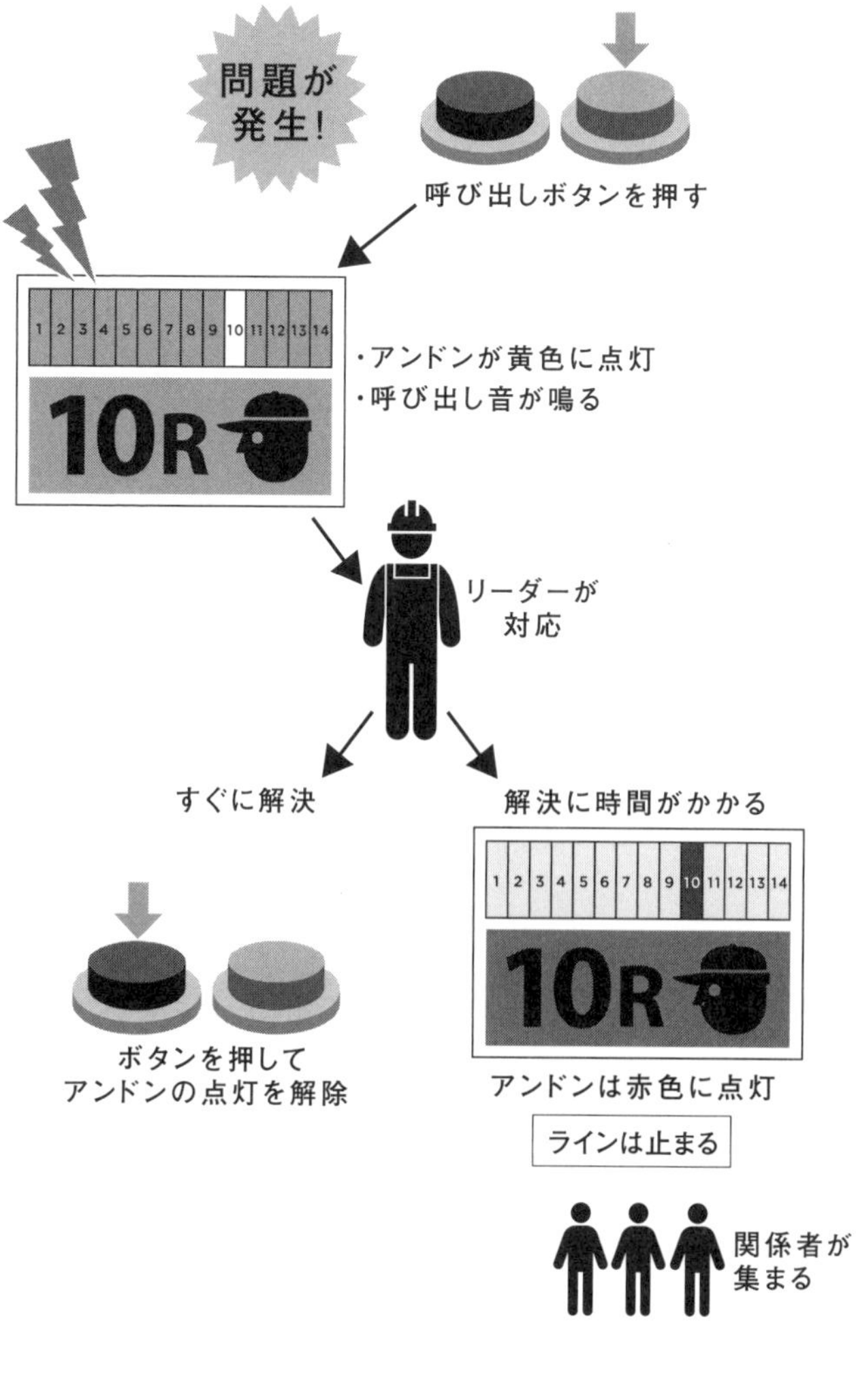

問題に気づかないふりをしてゴールにたどり着いても、結局は、また問題が生じたところに戻ってくることになります。**問題に気づいた時点で立ち止まって解決するのが、実際には近道となる**のです。

例えば、オフィス業務では、担当者ごとの業務状況を表示するようなしくみが考えられます。担当者自身が、自身の忙しさに応じて、自ら表示を変更するのです。

マネジャーは、ただちにそれを察知して、異常事態になった担当者（あるいは、異常事態に近づいている担当者）の状況を確認し、対応案件を減らしたり、ほかの人に割り振ったりして対策を講じることができます。

トヨタの作業者が「**止める勇気**」を持てる理由は2つあります。

1つは、「作業者自身で異常だと判断できる環境づくり」がなされていることです。

- **決められた時間に決められた作業ができていなければ、異常である**
- **決められた品質が守られていなければ、異常である**

この線引きが明確になっており、さらに「異常を察したらすぐにボタンを押す」という決まりが徹底されているため、異常がすぐに伝達されます。

アンドンはあくまでも異常を周知するためのしくみであって、このしくみを稼働させるには、線の考え方（＝正常、異常を明確にしておくこと）が不可欠です。

2つ目の理由は、「個人が責められることがないから」です。

失敗の責任が当事者本人に降りかかるような職場では、「止める」ことを躊躇し、失敗を隠そうとします。

しかし、トヨタでは、当事者が責められることはありません。

人間ではなく、問題を引き起こした「しくみ」にフォーカスして、失敗の原因を追及します。呼び出しボタンを押した従業員に対して「よく気づいてくれた。ありがとう」と感謝することはあっても、個人に責任を押しつけることはありません。

だからこそ、少しでもおかしいと思ったら止めることができます。

目先の仕事を「とりあえず終えること」よりも、「問題を見過ごさずに改善すること」を優先する土壌があります。だからこそ、質の高い仕事が実現するのです。

CHAPTER 04 まとめ

■業務改善の目的の1つは、「作業者の仕事をラクにする」こと。

■誰もが明確に判断できるように、線（基準標準）を数値化することが定着のコツ。

■線を越えた際の行動も決めておくことで、より現場が動きやすくなる。

■部下の指導は、自分の勘ではなく、「教える前の4つの準備」と「教え方の4段階」に準じて行う

■線の維持には「日常点検」と「定期点検」のしくみをつくることが重要

■現場からの改善提案を吸い上げるほど、定着しやすい線（標準）になる

CHAPTER

05

「線」の改善

線の効果を何倍にも高める方法

「線の改善」とは「線を引き直す」ことです。線を引き直すのは、世の中の変化に対応し、会社としての利益を出し続けるためです。一度引いた線を変えるのが「改善」です。線の真価を発揮するには、継続的な線の改善が不可欠なのです。

LECTURE

33

POINT

改善に終わりなし。今の「線」を疑い続ける

「これ以上のものはない」と思ったら、そこで終わり「今よりも良い方法はないか？」と改善を続けていこう

■豊田佐吉から受け継いだ改善の精神

トヨタを支えているのが、「改善」です。

改善によって、現場やオフィスのあらゆるムダや困りごとを排除することによって、仕事の生産性を高めています。

改善の根底に流れているのは、トヨタグループの創始者、豊田佐吉の精神です。

豊田佐吉は、日本で最初の木製人力織機（左ページ写真参照）を発明するなど、生涯を通じて数多くの発明を残しています。

改善を重ね、自動織機が誕生する

豊田佐吉が1890年に発明した
日本で最初の木製人力織機

1924年完成、世界一の性能を発揮した
無停止杼換式豊田自動織機(G型)

写真提供:トヨタ産業技術記念館

彼の発明の一部を列記してみましょう。

①両手で織る手機（両手両足で操作する織機《しょっき》）を片手で織れるように改良し、品質と能率の向上を実現する

②人間が手で織る織機は能率の向上に限界があるため、動力で織る織機を完成させる

※自動で織り続ける織機は、横糸が切れても止まりません。横糸が切れたまま織り続けると、大量の不良品が出てしまいます。そこで改良を行い③につながります。

③横糸が切れたら杼《ひ》（横糸を通す道具）が止まり自動で停止する装置や、布の巻き取り装置を開発する

④織機の動力源として、蒸気機関だけでなく、石油発動機を使用する

※動力が大きくなると、同時にたくさんの機械を動かせるようになります。けれども、横糸の補充に駆けずり回る人員が必要になります。そこで⑤につながります。

⑤機械を止めずに横糸を自動的に補充する装置を開発する

⑥動力をムダ使いせず、超広幅の布を静かに製織できる環状織機を開発する

（参考：豊田自動織機ホームページ内「豊田佐吉物語」）

これらは発明の一部ですが、豊田佐吉が「より良いものをつくりたい」「人々の仕事を少しでもラクにしたい」という強い意志に導かれて、改善、開発、発明に打ち込んでいたことがわかります。1つ完成しても、そこから次へ次へと立ち止まることがありません。

■「今よりも良い方法」が必ずある!

今、自分の仕事の生産性が5倍になったとしたら、多くの人は「これで良し!」と満足するのではないでしょうか。

ですが、豊田佐吉は、「まだできることがあるはずだ」と先を見据え、「さらにその上、さらにその上」を目指すための改善を続けました。

この違いは何なのでしょうか。

それは、1本の線を引いたあとの行動です。

「この線で本当に良いのか」「もっと良い線の引き方があるはずだ」と現状を疑い、改善を続ける必要があるのです。

トヨタでは、「問題に気づくこと」、そして「問題を改善すること」が、会社の文化として浸透しています。

問題が発生したら、「なぜ起きたのか？」を考え、原因を突き止め、再発防止策を実施します。そして、現状に満足せず、「これ以上のやり方はない」と慢心せず、「もっと良い方法はないか」と検討し続けます。

トヨタの社内に線が多い（さまざまな基準と標準を設定して運用している）のは、

・正常と異常を可視化すること（問題に気づける状況をつくる）

・異常の発生後に真因を探って、問題を解決すること

が目的です。

では、いったん線を引けば問題はゼロになるのでしょうか。

答えはノーです。

どれほど策を講じても、どれほど慎重に線を引いても、トラブルは必ず発生します。

改善の成功は、新たな改善のスタートでもあるのです。

トヨタの標準は「最良のやり方」をしくみ化したものですが、あくまでも「現時点」における最良にすぎません。

「標準は最良」だからといって、同じ仕事を同じやり方で続けていると、問題に気づきにくくなります。刻一刻と変化し続ける情勢や、お客様のニーズの変化に対応することが難しくなります。

標準は永久不変のルールではありません。現状をさらに改善し、より良い状態へと書き換えるための途中段階です。だからこそトヨタは、

「今日の標準は、明日の標準ではない」

「今のやり方以上に良い方法が必ずある」

という姿勢で仕事に臨んでいるのです。

トレーナーの瀧和弘は、「改善ができるのは、問題が存在しているからです。現状を見直すという選択肢を常に持つことが大切です」と話しています。

「指導先の会社のリーダーたちは、『会社を良くしたい』と考えています。それなのに、問題意識が薄い気がします。問題が存在することに気づいていないのです。

現状に甘んじることなく、当たり前を疑う。向上心や好奇心を働かせて、問題を浮き彫

りにする。『問題のない仕事はない』という意識を持つ。『もっと○○するにはどうしたらいいか』『目標と実績の差異の原因はどこにあるのか』と常に考え続けることが業務改善の要諦《ようてい》です」

■今日よりも明日、今回よりも次回とアップデートし続ける

トヨタが守り続けてきた現場の力の1つに、「**リードタイムの短縮**」があります。

現在では、現場の技能とデジタル技術を融合させて、ものづくりをもう一段階進化、改善させる取り組みにチャレンジしています。

たとえば、新たな生産設備を立ち上げる過程では、図面上では予期しなかった不具合ややり直しのムダが発生し、リードタイムが長くなることが課題でした。

この課題を解決するための改善策が、デジタルを活用した設備の導入です。

設備を3Dモデル化し、そこに現場の技を活かした改善を加えた結果、事前に不具合を洗い出せるようになりました。完成度の高い設備が導入されたことで、設計から生産開始までのリードタイムが半分になったのです。

工法が変われば、これまでの基準や標準は通用しません。だからこそ、改善は永遠に終

わらないのです。

生産現場だけでなく、オフィスワークでもセールスの現場でもそれは同じです。営業職の場合、お客様が変わったとき、商品が変わったとき、上司や部下が変わったときは、改善すべきタイミングだといえるでしょう。常にレベルを高め、やり方を変えなければ、今まで以上の成果を出すことは不可能です。

線が定着したからといって気を緩めない。

安心しない。

「もっとラクにできる線はないか」

「もっとムダをなくせる線はないか」

と試行錯誤を繰り返す。

今日よりも明日、今回よりも次回、とアップデートし続けることが大切です。

LECTURE

34

POINT

現場の実情に合わせて、定期的に基準・標準を見直す

1つ改善をしたら、また新しい改善のスタート
定期的な基準、標準の見直しから改善のヒントをつかむ

■メーカーの取扱説明書を参考に線を引き直す

トレーナーの瀧和弘が出向いた指導先では、「ネジを自動で締める機械」の不具合が多発していました。稼働させて間もないのに、モーターがすぐに壊れてしまうのです。モーターを購入するのに約50万円、故障後の修理に約40万円。せっかく導入したのに、「また壊れては困る」「壊れたらまたお金がかかる」との心配から、結局、放置されていました。

トヨタ時代に40年以上にわたり設備保全に携わっていた瀧は、機械の状態を把握し、安

全に稼働させるプロフェショナルです。万が一異常を発見した場合は、適切な処置を施します。

瀧は、すぐに故障の原因を突き止めました。モーターが故障をするのは、「基準」が守られていないからでした。機械が正しく使われていなかったのです。


「ネジを締める機械には、メーカーが設定した基準があります。仕様書には、『このように使ってください』という条件が明記されていたにも関わらず、現場はその条件を知りませんでした。取扱説明書に明記されている『注意事項』を確認したところ、メーカーが設定した基準から外れた使い方をしていることが判明しました。そこで、設備に関する基準と標準をつくることにしたのです」


指導先には「保全」という考え方がなかったため、瀧は、ひとまず「定期保全」のしくみづくりを提案しました。定期保全は、機械を壊さないための取り組みの1つです。

トヨタでの経験と、メーカー側の取扱説明書を参考にして、現場に合わせた保全基準と保全のやり方（標準）をつくることにしました。

瀧が提案した保全のしくみは、次のようなものです。

「保全基準と標準を決めるときは、メーカーの取扱説明書を参考にします。ただし、取扱説明書の記載は過剰保全になっている場合があります。定期点検しなければならない項目が多く、点検周期が短いと、その分作業時間や部品代がかかってしまい、保全費（労務費・材料費）が高くなります。

したがって、定期的に保全台帳（設備点検の項目や周期が記載されている台帳）の内容と現場感（現場の意見）をすり合わせて、保全周期の見直しをする必要があります。半年周期で保全をしていた項目が、半年後の点検で『もう少し使えそうだ』という場合は、『もう3カ月延ばす』という判断をします。3カ月後に点検して耐久性に問題がなければ、保全周期を半年から9カ月に延ばします」

設備保全の仕事には、設備の修理や定期点検だけでなく「標準書をつくる」という仕事も含まれています。ここでいう標準書とは、条件や作業のやり方を記載したものです。新規で書類をつくったときには、作成者は「この書類に従っていれば、不具合をなくすことができる」と考えたはずです。ですが実際には、記載内容の通りに作業をしていても不具合が出てくることが多々あります。

改善は、新たな改善のスタートです。定期的な見直しでより良い状態を目指しましょう。

LECTURE 35

POINT

SDCAで土台を固め、PDCAで高い目標を目指す

SDCAサイクルは、標準化した業務の手順やコツを日常的に実践し、維持管理、改善するために回すもの

■SDCAサイクルを回して、標準をアップグレードする

トヨタでは、標準を継続的に実践、確認、改善するために「SDCAサイクル」を回しています。

業務改善や品質向上を目的とするマネジメント手法「PDCAサイクル」が広く知られていますが、その「P（Plan＝計画）」の部分を「S（Standardize＝標準化）」に置き換えたのが、改善の「SDCAサイクル」です。

いつもと違うことが組織の中に起こったときに、標準がないと改善できません。なぜな

ら、**いつもと違うことに気づくためには「いつもの状態（＝正常）」をわかっていないといけない**からです。

ＳＤＣＡサイクルは、作業の手順やコツを標準化し、その標準を日常的に維持管理していくことを目的としています。

【ＳＤＣＡサイクル】

標準化（Ｓtandardize**）**：仕事内容やプロセスを標準化し（標準書を作成し）、一貫性を確保する。日常業務を標準化して、「誰が、いつやっても、決まった時間で、同じ成果（製品）ができる」ようにする

↓

実行（Ｄo**）**：「標準」を実行する。標準書に沿って作業する

↓

確認（Ｃheck**）**：標準が守られたかを確認する。実行した結果を評価・確認し、問題点や改善点を把握する。一定の品質が確保できるかをチェックする

↓

対策（Ａct**）**：問題点や改善点に適切な対策を講じる。標準や、作業自体の改訂をする

■SDCAは、標準の策定、運用、改善をする手法

トヨタでは、PDCAとSDCAを、それぞれ次のように位置づけています。

PDCAサイクル
方針管理が目的。お客様の期待に応える新たな価値創造のための手法。
「方針管理」とは、中期経営計画や単年度の会社方針の達成を目指して、改革を担う活動のこと。会社の方針に沿った課題を各階層のマネジャーが策定して実行し、節目ごとに途中経過をチェックしながらPDCAサイクルを回して企業体質を強化する。

SDCAサイクル
日常管理が目的。「バラツキ・変化への的確な対応」(品質保証)のための日常的な管理手法。標準の策定、運用、改善をする。
「日常管理」とは、しくみや成果を標準化して、正常な状態を維持する活動のこと。会社の方針・目標を現場が取り組むべき課題に分解して、効率よく行動に移す。

毎日の始業前の点検など、正常な状態を守るために決めた「標準」を職場全員に日々着実に実施させ、チェックとフォローを繰り返します。

日常管理は、「今、現場で起きている問題」が中心です。先を見据えた方針や事業計画はともなわないため、会社全体の舵取りを決めるものではありません。

一方で、方針管理だけでは、高い目標を掲げたものの実効性がなく、かけ声だけで終わってしまいかねません。

企業体質のレベルを上げるためには、**日常管理で着実に土台を固めながら、方針管理によって計画的に高い目標を達成することを目指す**という、2つの「管理」を同時に回していくことが重要です。

■日常管理板を使って、管理水準を上げていく

SDCAサイクルを回すためのツールが「日常管理板」です。

日常管理板：会社の方針・目標を現場が取り組むべき行動に分解して、「①方針・目標」

「②管理指標」「③改善・問題解決のテーマと進捗」を1枚のボードにまとめたもの。方針・目標を決定し、その達成に向けた管理指標を決めたあと、管理指標の目標値を設定することで作成できる

日常管理板は、会社方針と日常管理をひもづけるツールです。経営全体としては「売上・利益」などの大きい枠から落とし込んでいる目標に対し、現場レベルでは「方針に対してこういうことを実施します、こういう取り組みができています」という管理を日常的に行っています。

「日々」の記録でもあるため、もし状況が日に日に悪くなり（基準のラインは超えていないが、グラフが基準に抵触しそうになっている、など）、今のままの状態では会社方針をクリアできないと予想される場合、ただちに改善しなければなりません。

日常管理板は、線の逸脱を未然に防ぐために、すなわち、線を守り続けるためにも必要なのです。

※日常管理板の詳細については拙著『トヨタの日常管理板　チームを1枚！で動かす』をご参照ください。

LECTURE

36

POINT

「現場からの声」を吸い上げて、線をアップデートしていく

現場の声が増幅するしくみをつくることで、参加意識と改善意識が高まり、社内が活性化する

■ボトムアップ型の改善活動を進め、線を引き直す

トヨタでは、継続的に改善を進めること（基準と標準をアップデートすること）を目的に、現場のメンバーが改善のアイデアを提案する「QCサークル活動」や「創意くふう提案制度」が活発に行われています。

いずれもボトムアップ型の改善活動ですが、QCサークル活動は、全社的な品質管理活動の一環として、現場レベルで行われています。

QCとは、「Quality Control（クオリティ・コントロール）」の略であり、職場の中で改

善活動を自主的に進める小集団（4～5人ほど）をつくり、職場の問題点の改善や、日常管理活動を実践しています。

トヨタの社内にはQCサークルがたくさんあり、「品質向上・不良撲滅」や「基準・標準のアップデート」に向けた活動が行われています。

特徴的なのは、新入社員や一般社員にとって、QCサークルは、「問題解決の8ステップ」（26ページ参照）を学ぶ場であることです。

たとえば、「不良品を3カ月以内にゼロにする」といったテーマを設定し、それに対して「不良品が発生している真因は何か」「どうすれば解決できるか」「不良品をなくすための新しい基準、標準をどのように設定するか」などと考え抜くことは、問題解決のスキルを向上させるのに役立ちます。

創意くふう提案制度は、個人単位の改善提案制度です。

A4サイズの提案フォーマットに、「現状」「改善案」「効果」などを簡潔に、端的にまとめて上司に提出します。

トレーナーの中上健治が、この制度のすぐれている点を、こう話します。

「現場から提案が上がってきたら、上がってきた時点よりも、さらに改善内容の質を高めていくのが管理監督者（マネジャー）の役割です。

提案は、班長→組長→工長の順で下から上に進んでいきますが、その過程で、職位ごとに一段高い視点から精査され、ときには修正され、さらに磨かれて質の高い提案になっていきます。

集められた改善提案の中から、毎月、優秀な提案が工場単位で選ばれます。そして、工場代表の提案として、「創意くふう委員会」で審査されます。最終的にすばらしい提案だと評価されると、相当額の賞金がもらえるしくみです。

何よりもすばらしいのは、ここで生まれた提案の多くが、実際に生産性の向上に大きく貢献していることです」

■3行提案制度で、改善に対するハードルを下げる

中上は、創意くふう提案制度の簡易版ともいえる「3行提案」は、改善に対するハードルを下げてくれる、と言います。

3行提案は、「問題」「改善策」「効果」の3項目について、それぞれ「1行ずつ」書き

3行提案の例

氏名：○○○○

問　題：共有のファイル保管スペースに空きがない

改善点：過去1年間使わなかった書類は捨てる

効　果：キャビネットの約2段分のスペースが空く

氏名：××××

問　題：運用の台車が定位置に戻されないことがある

改善点：台車の定位置を床に白線で示す

効　果：台車が戻されていないことに気づける

氏名：△△△△

問　題：会議時間が頻繁にオーバーする

改善点：終了予定時間の10分前にアラームを鳴らす

効　果：次の予定や仕事に遅れない

ます（次ページ参照）。文字通り、たった3行ですから、行動に移しやすいのです。提案を気軽に出せるようになるため、提案そのものの数を増やすことも可能です。

経営に影響を与えるような大きなテーマに取り組む場合は、経営陣も参加できる全社的なしくみを構築する必要があります。ですが、現場レベルの業務改善や日常管理に関する改善であれば、すぐにでも実行できます。

改善のしくみが整っていない会社でも、3行提案であれば、導入は難しくはないでしょう。たとえ3行といえども、身の回りの改善について考える十分なきっかけになりますから、**現場レベルの業務改善への気づき**をうながすチャンスです。

業務改善が進めば、社内の線は刷新されます。そして新しい基準と標準が生まれます。ですが、その基準と標準さえも、不変ではありません。

一度引いた線には、定期的な見直しが必要です。

「**線の設定（基準、標準の設定）→運用・定着→線の見直し→新たな線の設定**」を継続的に繰り返すことで、会社は変化・進化し続けるのです。

まさに「トヨタの改善に終わりなし」です。

LECTURE
37

POINT

線に挑み、仕事も自分も変えていく

目の前の線を「これからどうしてやろうか」と考えることが、自分自身の成長にもつながる

■1本の線があるから、その先を考える

突然ですが、いろいろな製品が山積みになっている倉庫を思い浮かべてください。この倉庫には、在庫を示す線は引かれていません。

トレーナーが、その倉庫を見て、「ずいぶんたくさんモノがあるな」と感じたとしても、その会社としては、必要な在庫量なのかもしれません。確証なしに「ずいぶん在庫が多いですね、減らしましょう」とは言えません。

では、「この線までしか在庫を置いてはいけない」と明示してあったらどうでしょう。

初めてこの倉庫を訪れたトレーナーであっても、「現状の在庫は多すぎる」と判断できますし、現場で働いている人たちとも、「今の在庫は多すぎる」という共通認識のもと、話ができます。そうなれば、「では、減らすためにどんなアクションをしましょうか？」というステップに、すぐに進むことができます。

次に、あなたが「ある作業」をしていたとしましょう。

その作業を20分で完了したとしても、30分で完了したとしても、そこに線がなければ何も視えません。

よくトレーナーは「必要数量はいくつですか？」と問いかけますが、あなたの作業にも「いつまでにいくつ必要か」、そして、「そのために何分でつくる必要があるか」がわかれば、1本の線を引くことができます。

仮に「30分」という1本の線を引いたとしたら、その線を厳守し、次は、「その30分の線が本当に適切かどうか」、あるいは「29分に短縮するにはどうすればよいか」ということを考えはじめるでしょう。

「30分」という**1本の線ができたことで、思わず次を考えてしまう**。それが線のすごいところです。そうして考えて行動した結果、何かが変われば、しめたものです。

このように、「線」は、どんどん変えられます。

決められた線を確実に守って業務を行うことは大切なことです。しかし、それだけではなく、もう一歩踏みこんで、目の前の線を「これからどうしてやろうか」と考えることが自身の成長にもつながります。

もちろん、会社の利益や世の中への貢献が前提ではありますが、一個人として、「次にどうするか」「もっとこうすると、こんなことが起こるんじゃないか」と考えながら仕事に取り組むのは楽しいことです。そして、自分が行動した結果として、何らかの変化が現れるとうれしいものです。

トレーナーたちも、「大変だけど、楽しい」と口をそろえます。

「現場での現状維持は『停滞』と言われ、常に新しい挑戦を求められ続けます。そして、線を引くのも難しい。でも、それが楽しいんですよね」

線を引くこと。

線を変え続けること。言うなれば「**線に挑むこと**」。

そこには、楽しみもあるはずです。

CHAPTER

05

まとめ

■問題が発生したら、「なぜ起きたのか」を考え、原因を突き止め、再発防止策を実施する。

■現状に満足しない。今日よりも明日、今回よりも次回とアップデートし続ける。

■SDCAサイクルは、「バラツキ・変化への的確な対応」（品質保証）のための日常的な管理手法。標準の策定、運用、改善をする。

■「QCサークル活動」「創意くふう提案制度」など、ボトムアップ型の改善活動を進め、線を引き直す。

■「3行提案」で改善に対するハードルを下げる。「問題」「改善策」「効果」の3項目について1行ずつ書けばよいため、提案の量を増やすことが可能。

おわりに

ここまでお読みになって、1本の線が持つすごさ、そして、線が持つ大きな可能性をご理解いただけたでしょうか？

この本の内容について検討していたとき、私たちOJTソリューションズがみなさまに伝えたいテーマの1つとして挙がったのが「トヨタ生産方式（TPS）」でした。

ただし、世の中には、既にたくさんのTPSを解説した本があります。だからこそ、私たちにしか書けない切り口で、このテーマをお届けしたいと思いました。

――私たちOJTソリューションの持ち味は何だろうか。

――それは、「現場重視であること」ではなかろうか。

そこで私たちは、顧客先でTPSを導入・指導する際に大切にしている実践的な基本事項の中から、「**1本の線**」を取り上げ、この本を編むことを決めました。

この本で繰り返しお伝えしてきた通り、「1本の線」とは、基準、標準のことです。

1本の線があるおかげで、「正常か、異常か」が決まり、ただちに職場のメンバーが認識でき、問題が生じたとしても、手遅れにならずに対処できます。

かつて、弊社の森戸が上司と一緒に海外の現場を訪れたとき、こんなことがありました。上司は、現地で案内をする日本人駐在員に向かって、「○○君、今、この現場は正常なのか異常なのか？」と唐突に尋ねました。

その駐在員が「正常です」と答えると、上司は「それは何を見て、正常といえるのか？」と、さらに質問を重ねました。

すると駐在員は、2人を事務所に連れて行き、生産実績表を見せながら「正常に計画通り生産されています」と説明しました。

上司は、ひと息ついてからこう言いました。

「この事務所に来ないと『正常か、異常か』がわからないのですね。しかし大切なのは『今』が正常なのか異常なのか、『**現場で、全員がわかること**』です。事後に一部の人だけが『異常だ』とわかっても、もうそのときは手遅れです」

1本の線（基準、標準）は、正常・異常の視《み》える化の前提であり、視える化は改善を進めるきっかけでもあります。

その駐在員と森戸は、2人とも上司の直属の部下でしたから、上司は「1本の線」を通して、現場マネジメントの基本の根本の部分を教えてくれたのだと感じたそうです。


また、こんなこともありました。

トヨタのある開発部門の部長が、部品製造の関連会社の社長に任用されることになりました。

しかし、製造部門の経験がなかったその人は、社内の同期の1人に「社長としてどうすべきか」とアドバイスを求めたそうです。

「まず、毎日、現場に行って、『今』が『正常なのか、異常なのか』聞いてみたらいいよ。そして、『その答えを自分にわかるようにしてほしい』とリクエストすればいい」


これが、返ってきたアドバイスでした。

新社長になった彼は、毎日、アドバイス通りのことをしたそうです。

現場の責任者は、毎日毎日、新社長から『正常なのか、異常なのか』と聞かれるので、だんだんと、その対応に取られる時間をなくすための知恵を絞るようになりました。新社長が自分で見てわかる『正常か、異常か』を表すモノを整備し始めたのです。

生産計画表：「今日の生産予定数に対して、現在の生産数は正常か異常か？」という質問に答えるために、生産計画表を現場に貼って、現時点での生産数量がわかるように一定時間ごとに現場管理者に生産数を記入させる

歩行帯の線：「あの作業者が歩いている場所は歩行帯なのかそうではないのか？（あそこを歩いているのは正常なのか、異常なのか？）」という質問に答えるために、歩行帯がひと目でわかるように線を引いた

これ以外にも、生産ラインの異常が起こっていることがひと目でわかる「アンドン」を導入したり、設備の異常で油が漏れて汚れたこと（異常）が目立つように、清掃を徹底したりするようになりました。

きっかけは、新社長からの質問責めへの対応でした。

しかし、現場責任者のマネジメントは大きく変わり、自然と**現場が自律的に改善をするようになりました**。1年で現場が見違えるように変わったのです。

再び、弊社の森戸の話です。課長に昇格した際に、当時の上司とこんな話をしたと言います。

「課長として、人やモノ、自分の職場がきちんと計画通りに進んでいるときは、どうする？」

「課長は部下に仕事を与えて進捗管理をするので……順調なら、安心して見守る、ですか？」

「管理というのは異常の管理のことだ。正常なら何もしなくていい。だからまず、**正常と異常がわかるようなしくみ**をつくる。それが管理の第一歩。異常がわかったら処置をする。それが再発するようなら真因を追究して対策を打つ。そういう**異常処置と対策を打てる人材を育成する**ことが管理者の2つ目の仕事なんだ」

マネジメント業務は、スケジュール的な進捗管理にとどまらない「正常・異常がわかるしくみづくりと人材育成」であるということです。

「1本の線」が現場を善くして、人を成長させる
人が成長するからこそ、会社も強くなる

1本の線があれば、「正常か、異常か」がわかります。
「正常か、異常か」が視える化すると、抱えている問題があらわになって、改善に着手できます。

本書がみなさんの取り組みを進め、会社を変えていくうえでの一助となれば幸いです。

ＯＪＴソリューションズ

『トヨタの段取り』
３日の仕事も５分で完了

『トヨタの問題解決』
トヨタの最強メソッド公開！

『トヨタの日常管理板』
マネジメントの最強ツール！

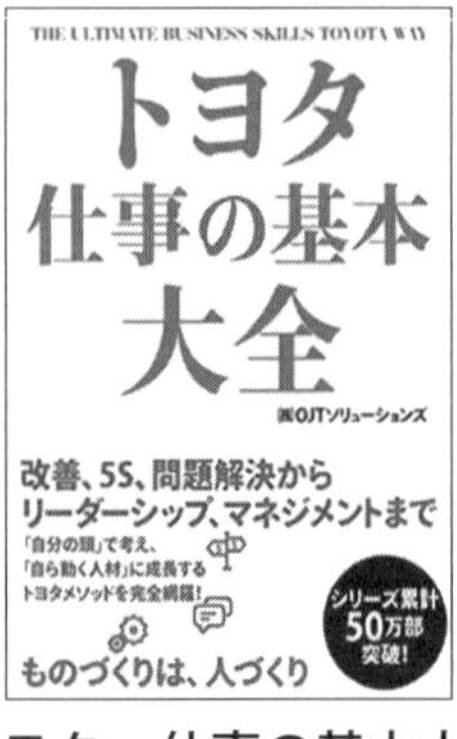

『トヨタ　仕事の基本大全』
６万人の仕事を変えた１冊！

シリーズ累計100万部突破！　トヨタシリーズ

『トヨタの片づけ』
片づけが仕事の成果を出す！

『図解トヨタの片づけ』
ムダという「宝」を探せ！

『まんがでわかる　トヨタの片づけ』
実践ポイントを一気に学べる

『トヨタ　リーダー1年目の教科書』
これからのマネジャーに必要な「協働する力」

㈱OJTソリューションズ
2002年4月、トヨタ自動車とリクルートによって設立されたコンサルティング会社。現場を率いるリーダーとなるコア人材を育て、変化に強い現場づくり、儲かる会社づくりを支援する。
本社は愛知県名古屋市。現場を指導するのは70人以上のトヨタ出身の「トレーナー」。トヨタ在籍40年以上の技術経験、管理職経験を持ち、トヨタ時代の豊富な現場経験を活かしたOJT（On the Job Training）を実施する。これまでに製造・食品・医薬品・金融・自治体など、700社以上の顧客企業にサービスを提供している。
主な著書に20万部のベストセラー『トヨタの片づけ』をはじめ、『トヨタ　仕事の基本大全』『トヨタの問題解決』『トヨタの段取り』『トヨタ　リーダー1年目の教科書』（すべてKADOKAWA）などがあり、シリーズ累計100万部を超える。

仕事《しごと》の成果《せいか》を最大化《さいだいか》する
トヨタのすごい線《せん》

2024年12月19日　初版発行

著者／（株）OJTソリューションズ

発行者／山下 直久

発行／株式会社KADOKAWA
〒102-8177　東京都千代田区富士見2-13-3
電話　0570-002-301(ナビダイヤル)

印刷所／大日本印刷株式会社
製本所／大日本印刷株式会社

ISBN 978-4-04-606598-8　C0030